売れる組織 売れる営業

株式会社Sales Navi 代表取締役
田中大貴

実業之日本社

営業には「教科書」がない。

そのため、営業職の教育は自社商品やサービスの学習をしたら、
あとは営業現場で上司や先輩から直接指導を受けながら
必要な知識やスキルを身につけていく、
いわゆるOJT任せになることがほとんどである。

すると拠点ごとにやり方がバラつき、
営業パーソンごとに成果が大きく異なる「属人化」が生じる。

こうした環境では、現場で試行錯誤を重ねながら
「感覚」を掴んで成果をあげる人がいる一方、
何をどうすればいいのかが見えずに苦しむ人が増える。

また、運や縁にも大きく左右される。

「何が正解かわからない」
「どうやれば成果が出るのかわからない」

そんな悩みを抱える営業パーソンはあとを絶たない。

自社の営業パーソンが、
そのようなことにできるだけ悩まないように、
「再現性の高い営業の仕組み化」に取り組んできた組織が
キーエンスとプルデンシャルである。

この2社は
優れたトップセールスが偶然生まれることを待つのではなく、
誰もが一定の成果をあげられる環境を整えることで、
個々の能力のバラつきを抑え、
組織全体の生産性を底上げすることに成功している。

本書は、キーエンスとプルデンシャルの組織としてのやり方に、
これまで1万件以上の商談を重ね、
1万人以上の営業パーソンと関わってきた著者である私の経験を加え、
1冊にまとめ上げたものである。

本書を読み、その内容を実践すれば、
売れる組織・売れる営業になれる。

著者である私はそう確信している。

はじめに

　はじめまして。著者の田中大貴と申します。

　私は新卒で入社したキーエンスで営業として目標を連続達成したのち、プルデンシャルにスカウトされ入社しました。

　そこから11期連続社長杯に入賞、2017年には当時の全国最年少でエグゼクティブ・ライフプランナー（部長）に就任するなど、営業の最前線でたしかな成績を残すことができました。

　これだけ書くと、私は最初から優秀な営業パーソンであったような印象を受けるかもしれませんが、まったくそうではありません。

　キーエンスへ新卒で入社した当時、唯一やる気だけは誰にも負けない自信がありましたが、そのほかは特別何かに優れていたわけではありませんでした。

　また、ビジネスモデルで言えば、キーエンスがBtoB（Business to Business ＝企業間取引）の有形商材であるのに対して、プルデンシャルはBtoC（Business to Consumer ＝企業と消費者間の取引）の無形商材と大きく異なります。

　加えて、厳格な組織の理念とルールに沿った営業スタイルであるキーエンスと、フルコミッション（完全歩合制）で自由な働き方のプルデンシャルとでは、社風も大きく違います。

　特別な能力に恵まれていたわけでもなく、営業スタイルと社風も異なる2社で私が結果を残すことができたのは、この2社に**営業教育の仕組みが整っていたことと、それぞれの営業の「型」を叩き込まれたこと**に尽きるのです。つまり、営業が成果をあげるうえで重要なことは、いかなる商材・サービスでも変わらないということです。

　しかし、キーエンスやプルデンシャルのように、組織として営業の「型」を持ち、それをしっかりと教える環境が整っている企業はほとんどありません。

　そういう意味で、経験の浅いうちに営業の型を身につけられた私は本当

に運が良かったのだと思います。

　早い段階で型を身につけられるかどうかは、その後の営業人生を大きく左右します。

営業の正のサイクルと負のサイクル

　現状の日本では、学校で営業の教育をしていない以上、誰もが営業のやり方がわからないところからスタートします。

　入社してから営業を「なんとなく」学び、たまたまコツを掴んだ人は徐々にやり方がわかってきて、成果があがり、営業が楽しくなる正のサイクルを回っていきます。

　ところが、自分ではコツを掴めず、営業のやり方がわからないままの人は、いつまで経っても成果をあげられず、営業が嫌いになる負のサイクルを回ります（図1）。

図1　営業の正のサイクルと負のサイクル

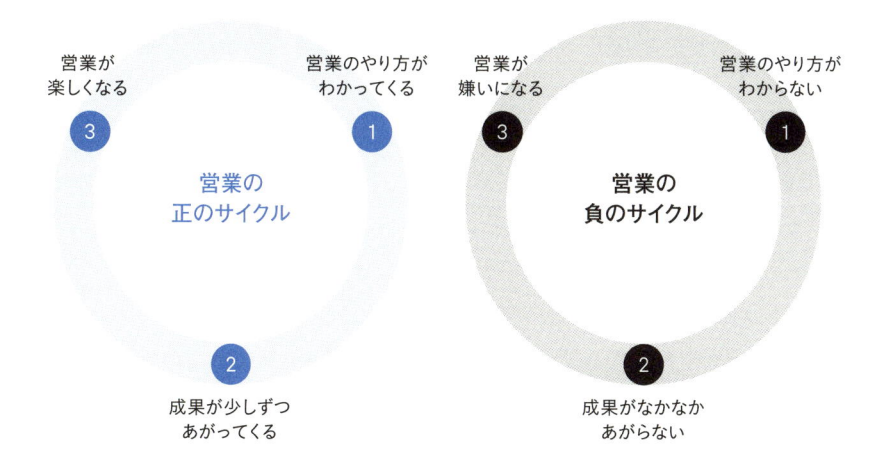

小さな成功体験を積み上げ、正のサイクルに変えていく

私は、いずれとも異なるサイクルを回りました。

　私はキーエンスに入社し、営業人生のスタート地点で徹底的に営業の型を身につけさせてもらった結果、みるみる成果があがり、さらに伸ばしたいと思ってますます営業にのめり込んでいきました。

　プルデンシャルに移ってからも、違う形の営業の型を学び、営業の奥深いところの考え方とやり方を会得しました。そしてさらに成果があがり、営業という仕事を通してさまざまな企業を支援するために起業し、いまなお営業の魅力に取りつかれています。

　基本的には、営業の正のサイクルを回ることができれば、営業はどんどん楽しくなっていき、おのずと成果もついてきます。

　「営業が好きか嫌いか」を問うと、日本では「好き」と「嫌い」に二極化するそうです。「○○が好きか嫌いか」という問いに対して日本人の答えに多いのは「普通」「どちらでもない」といった中立的な回答です。しかし、営業職についてはどうもそうはならないようです。それは、現状の企業における営業に対するあり方が、正のサイクルと負のサイクルのどちらかを回るようにしかなっていないからです。

　教育体制が用意されていない場合において、正のサイクルまたは負のサイクルに入るかどうかは、そこで出会う上司の営業のやり方が自分に合っていたり、相性の良い顧客に出会ってたまたま成果につなげられたり、運の要素に大きく左右されます。

　そのような偶然の要素をできるだけなくし、より多くの人に営業の正のサイクルを回ってほしいと思っています。

　型は、何か壁にぶち当たったときに立ち返る原点になります。

　もちろん、型だけでは突き抜ける実績をあげることはできないでしょう。

　しかし、型があるからこその「型破り」です。

　型がなければ応用も利きません。

　冒頭でも宣言しましたが、営業で成果が出ないのは、個人も組織も正しい営業の型を身につけていないことが大体の原因です。逆に言えば、正しい型さえ身につけることができれば、おのずと成果はついてきます。

「教科書」で営業を標準化する

　私は、プルデンシャルを退社後、「営業の道しるべを創る」というビジョンを掲げ、株式会社Sales Naviを創業しました。

　キーエンス、そしてプルデンシャルで順風満帆な営業人生を送っていた私ですが、自分にしかできないことでもっと社会に貢献したいと思ったのです。

　営業はどんなビジネスにおいても重要で、欠かすことのできない仕事です。しかし、営業が楽しくない、成果があがらないと悩んでいる人はたくさんいる。それをなんとかすることができれば、日本全体の生産性が上がり、停滞している日本経済にもプラスの効果を与えられるはずです。

　現在私が率いるSales Naviでは、営業に悩む組織・営業パーソンに、正しい営業の型を身につけるための研修などをしています。やはり直接語りかけ、時にコミュニケーションを取りながら営業について話すことで、相手にしっかりと届いている感覚があります。実際に、研修を受けて営業についての理解が深まり、成果につながって営業が好きになったという声もたくさんいただき、たしかな手応えを感じています。

　一方で、「これを1冊読んでおけばOK」という営業の教科書があれば、もっと多くの営業組織、そして営業パーソンに貢献できるのではないか。そう考えるようになりました。

　私は、営業という仕事が抱える問題点は主に次の3点だと考えています。

- 営業が属人的な仕事として認識されていること
- 営業教育の体制が整っていないこと
- 以上の理由から正しい営業の型を身につけられず、営業の負のサイクルに陥ってしまう人が多いこと

これらの問題が生じているのは、**営業の教科書がない**ことが原因です。

どのような仕事においても属人的な部分は存在しますが、基本である型は必ずあるはずです。たとえばスポーツであれば、みんな基礎練習から始めるはずです。そうして型を身につける。「職人」と呼ばれるような世界でも、まずは基本となる型を身につけます。そして、型の上にその人なりの個性を加えていく。営業も同じです。いきなり現場に放り込まれてうまくできる人はごくわずかです。

組織がまずすべきことは、型を身につける環境を整えることです。そのために重要なものが**「教育体制」**と**「カルチャーづくり」**です。

本書では、第1章「常に成果をあげる組織の秘密」で、主にキーエンスとプルデンシャルがどのような教育体制を整えているのかについて紹介し、第2章「成果をあげる組織の基盤となるカルチャーづくり」で、この2社がどのようにして組織カルチャーを構築しているのか、その手法を紹介しています。

また、営業とひと言で言っても、企業に提供するのか（BtoB）、消費者に提供するのか（BtoC）というビジネスモデルの違いもあれば、パソコンや家具といった有形商材を提供するのか、保険や情報といった無形商材を提供するのかといったように、扱う商材も多岐にわたります。

しかし、どのようなビジネスモデル、商材であっても、成果をあげるための営業の原理原則は変わりません。それは「顧客の課題を解決する」ということです。

　私は、キーエンスではマイクロスコープ（顕微鏡）を企業に提供する「有形商材の法人営業」、プルデンシャルでは保険を個人に提供する「無形商材の個人営業」という対照的な営業を経験してきました。当然、キーエンスとプルデンシャルでは、やり方も会社の雰囲気も大きく異なります。しかし、「顧客の課題解決」という営業の原理原則は変わりませんし、顧客の課題を解決するための重要な要素というのは、どこの組織であっても共通なのです。

　その重要な要素は大きく4つ、「知識」「スキル」「習慣・管理」「心構え」です。これら営業の原理原則と4つの要素を覚え、身につけることが営業パーソンとしての型となります。

　第3章以降は個々の営業パーソンがそれぞれ実践に落とし込みやすいように次のような構成となっています。

　　第3章　成果をあげ続けるための営業の原理原則【知識編】
　　第4章　成果をあげ続けるための営業の原理原則【スキル編】
　　第5章　成果をあげ続けるための営業の原理原則【習慣・管理編】
　　第6章　成果をあげ続けるための営業の原理原則【心構え編】

　「知識は十分あるがスキルが足りていない」や「知識やスキルといったやり方より、マインドの部分が不足しているな」など、課題は人によってさまざまです。興味のあるパートから読んでいただいて構いません。

　私は幸運にも、キーエンスとプルデンシャルという営業力において定評のある2社でキャリアを積むことができました。その経験を余すところなく伝えることで、営業に悩む組織、営業パーソンたちの道しるべとなる。それが私の使命だと思っています。

　本書が、読者一人ひとりの営業力を高めるとともに、チームや組織全体の成長につながるきっかけになればと願っています。

目　次

序　章

AI時代に
人間の営業は必要か?

第3章
成果をあげ続けるための 営業の原理原則【知識編】

成果をあげ続けるための営業の原理原則【スキル編】

成果をあげ続けるための
営業の原理原則【習慣・管理編】

成果をあげ続けるための
営業の原理原則【心構え編】

終章

必要とされる
営業になるために

装丁・本文デザイン
　　　　　　三森健太（JUNGLE）

校　　正　　株式会社ぷれす

図版制作　　上玉利毅

編集協力　　新田匡央

本文DTP　　株式会社千秋社

編　　集　　白戸翔（ニューコンテクスト）

序　章

AI時代に
人間の営業は
必要か?

生き残る営業と
AIに代替される営業

現在、日本で営業職に就いている人は800万人程度と言われています。営業職は、これからもなくならないとは思います。

ただ、営業職の就労人口は減っていくと考えられます。販売職も含めると、おそらく半減するのではないでしょうか。

現在も拡大を続けるeコマースや、販売ができるAIに取って代わられるからです。労働人口の減少やコスト削減など、社会状況を考えてもその流れが加速していくことは間違いありません。また、レベルの低い営業パーソンに気分を悪くさせられるぐらいなら、自分で選択できるeコマースや能力の高いAIで十分だと顧客が考えるのは自然なことです。

AIの技術革新は想像以上に目覚ましく、営業の現場でも、数年先と思われていたような実践的な「AIエージェント」の活用が進んでいます。AIエージェントとは、与えられた情報をもとにAI自身が考え、行動し、まるで人間の代理人かのようにさまざまなタスクを実行してくれるAIプログラムのことです。まだ能動的な営業活動ができるわけではありませんが、顧客側が営業を受ける相手を、人間かAIかを選べる時代は目前まで迫っています。

　付加価値が高い商材はまだ人間の営業の存在価値が大きく、取って代わられにくいと考えていましたが、そうとも言っていられない状況になっています。

　洋服を買いにショップに入ったときを想像してみてください。

　自分が欲しい商品はある程度決まっているのに、店員さんが寄ってきて新作の話を延々とされたり、興味のないアイテムを勧められたりしたら、せっかくの買い物が台無しです。

　そんな経験をするぐらいなら、ショップに入ると人ではなくAIが「どんなものが欲しいですか」と聞いてきて、欲しいものを伝えると即座に「こんなコーディネートはいかがですか」と提案してくれたほうが、気分良く買い物ができます。

　これはアパレルにかかわらず、さまざまな場面で出くわすことです。自分の欲しいものが明確であればあるほど、営業の助けは必要ありません。

　たとえば生命保険の世界でインターネット専業の生命保険会社、ライフネット生命が支持されているのはそういう理由です。すでに生命保険に加入していて、生命保険についての知識は持っている。足りない保障を補いたいという目的が明確で、商品のラインナップを見れば目的に合う保険は自分で探せる。そういう人はわざわざ営業パーソンを介さなくても、自分で選んで契約すればいい。営業パーソンが介在しないため、その分安い保険料で契約することができる。メリットは大きいのです。

　一方で、自分の求めているものがはっきりしておらず、営業に相談しながら決めたいという人もいます。保険で言えば、「保険への加入に興味はあるが、どの保険が自分に合っているかわからない」という人が実店舗に足を運び、そこで窓口の担当者に相談して加入する保険を選ぶという「ほけんの窓口」のような保険代理店がそのようなニーズに応えています。

　この例からは、どの分野にも知識を持ち合わせていない人は必ずいるた

め、そういった顧客に対しては人間の営業が介在する価値があるということが言えるでしょう。生命保険に関する知識がない人に対して、保険の必要性を感じてもらうためには、人間の営業職の介在が必要であり、そこにこそ営業パーソンの価値があります。いずれこの領域にもAIが応えていく未来は近いでしょうが、このような能動的な営業はいまのところ人間にしかできません。

「型」を身につけ、専門家になれ

しかし、間違いなく言えるのは、どの営業スタイルであれ、営業職は「専門家」にならなければ生き残れないということです。

なぜ、顧客は営業パーソンに頼るのでしょうか。それは、その分野の専門家として、自分が抱えている課題を解決してくれると思っているからです。ただ単に、顧客の欲しいものを売るだけでは、顧客の満足度は高まりません。

プルデンシャルでは営業職のことを「ライフプランナー」と呼んでおり、ライフプランナーは医師や弁護士のように人々にとってなくてはならない専門家になるべきだと言い続けています。

だからこそ、営業職が専門的な知識を持つことは顧客に対する礼儀で、それがなければ顧客の前に立つ資格はないとまで言っているのです。

専門知識がない営業は、顧客にとってはAIよりも優先順位の低い存在になってしまいます。

別の視点で考えてみましょう。

営業職として専門家になれば、どんな企業にも移ることができます。営業としてのコアとなる部分はどの企業でも変わらないので、それぞれの企業ならではの専門知識をその都度マスターすることができれば、営業パーソンとしてのキャリアを自在に変化させることも可能です。

問題は、そのコアの部分が確立されていないことです。

これは、営業パーソン個人の問題というより、「はじめに」でも書いた通り、企業が営業の型を身につける環境を整えられていないことに要因があります。型は個人として身につけるべきことであり、企業として整理すべきことでもあります。

グローバル水準以下の
日本の営業生産性

図2、3をご覧ください。

昨今よく話題になるのが日本企業の生産性の低さです。

G7に加盟する7ヶ国のなかで、日本のGDP（国内総生産）はアメリカ、ドイツに次ぐ3番目の水準です（図2）。ところが、時間あたりの労働生産性で見ると、圧倒的な低さの最下位です（図3）。

なおかつ、営業生産性に関して日本とグローバルを比較したデータを見ても（図4）、日本は多くの業種において、グローバル水準より劣っているのが現状です。日本全体だけでなく、日本の営業分野においても、きわめて生産性の低い状態が続いているのです。

図2　主要先進国のGDP

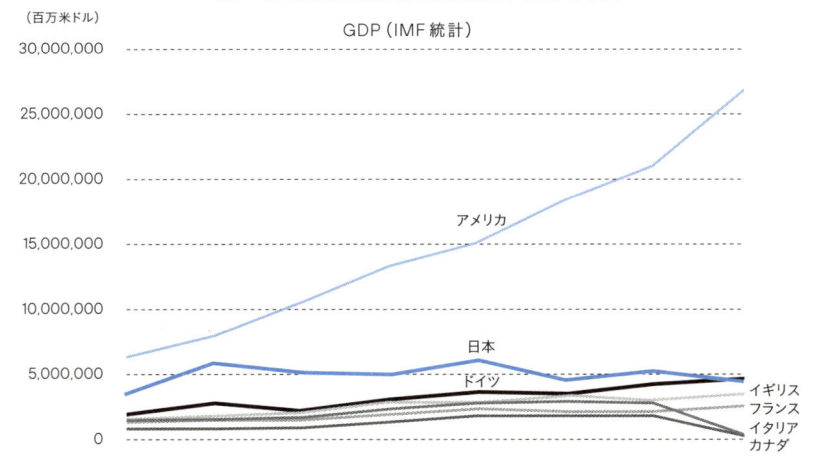

GDP（国内総生産）は主要先進7ヶ国で3位

（百万米ドル）

GDP（IMF統計）

出典：GLOBAL NOTE「世界の名目GDP 国別ランキング・推移（IMF）」

図3　主要先進国の時間あたりの労働生産性

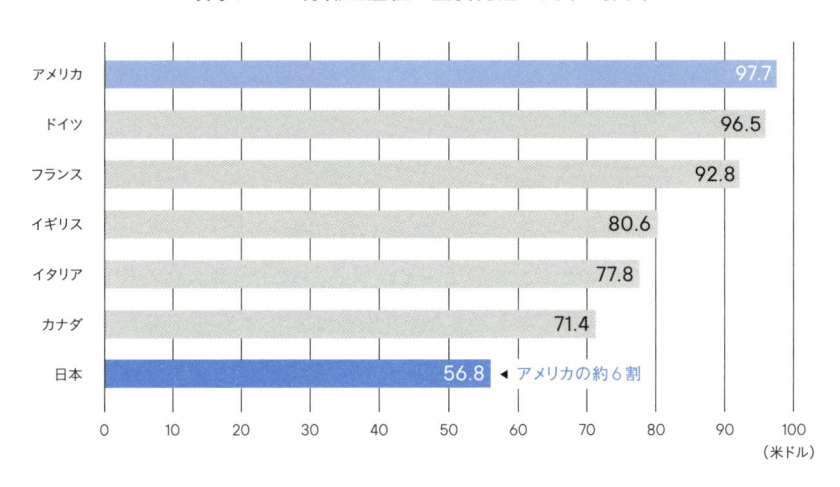

時間あたりの労働生産性は主要先進7ヶ国で最下位

出典：公益財団法人日本生産性本部「労働生産性の国際比較2024」

図4　営業生産性（業種別営業ROI）に関する海外との比較

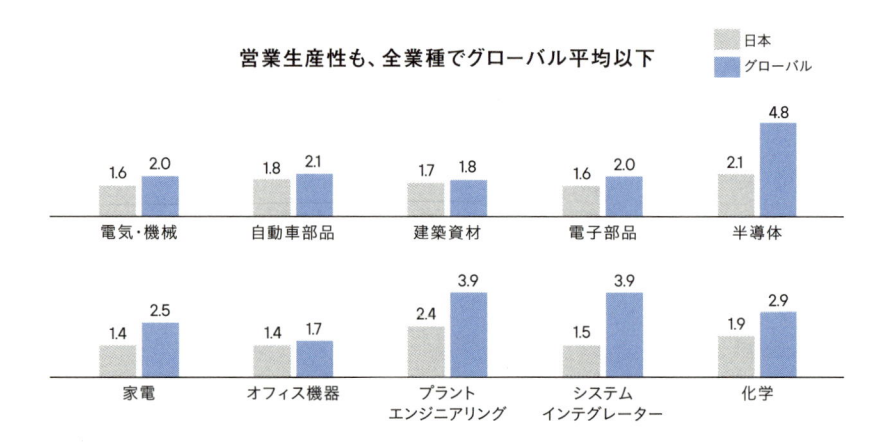

営業生産性も、全業種でグローバル平均以下

※ 営業ROI＝粗利（売上高総利益率）÷営業コスト2／売上高
※ グローバル上位30〜50社および日本の上位15〜25社における2015〜2019年の5年間の平均
※ 当分析における「営業コスト」とは「販売および一般管理費」を指す

出典：McKinsey&Company『日本の営業生産性はなぜ低いのか』

圧倒的に人材不足の営業職

　そうした一般的な知識を持ったうえで、図5をご覧ください。

　人材不足の職種ランキングを見ると、営業職が抜きんでて足りない状況が見て取れます。生産性が低いうえに、人材が不足している。この事実は、何らかの問題を内包していると考えていいでしょう。
　さらに、人材不足の原因としてもっとも多いのは「退職による欠員」です。それに続く「中途で採用できない」という項目もあわせて考えると、営業職に対して多くの人が魅力も感じていないという事実が浮き彫りになります。

　人材不足の職種ランキングと人材不足の原因を掛け合わせると、営業職はかなりの人材不足に陥っているにもかかわらず、離職率も高く、採用

図5　人材不足の職種ランキング×人材不足の原因

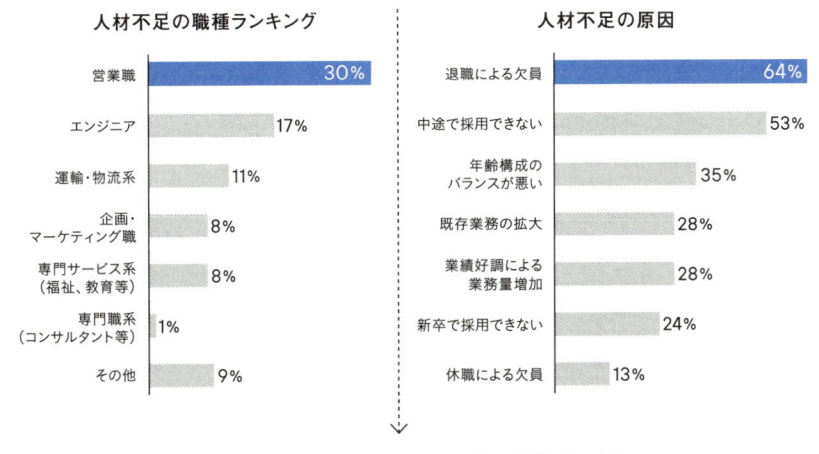

出典：エン・ジャパン「2024年『企業の人材不足』実態調査」─『人事のミカタ』アンケートをもとに編集部で作成

の募集にも応じてもらえないという仮説が成り立ちます。その原因となるのが、**営業の負のサイクル**です。

　教科書がないからやり方がわからず、成果があがらないことを上司に責められ、どうしていいかわからず営業が嫌いになり、やがて辞めていく。その負のサイクルのイメージは広く流布され、あえて営業職に就きたいと考える人が増えない。これでは、営業の生産性が上がるはずはありません。

　生産性が上がらない要因は、営業の教科書がないこと、経験でしか伝えられていないこと、組織として営業の仕組みと型をつくっていないことなどです。

　こうした営業に関する現状認識を、知識として常にアップデートさせていく。こうしたことも営業パーソンとして必要な姿勢です。

　現在地がわからなければ、どの方向にどれだけ進めばいいかわかりま

せん。己を知ってはじめて、顧客のことを知るための準備ができるからです。

感覚に頼った営業、教育体制はもはや通用しない

営業の世界は、これまでずっと「OJT文化」でした。

なんとなく先輩の営業に同行し、先輩はこんなふうにやっているのか、となんとなく学び、自分も見よう見まねでやってみて「なんとなくこういう感じかな」という感覚を身につける。そのうち自分流のやり方を見つけ、気づいたときにはなんとなく自分流の営業スタイルができている。すべてが「なんとなく」なのです。

しかし、先輩によって言うことはまちまち、受け取るほうもセンスがある人とない人で異なるために、再現性はまったくありません。

しかも、なんとなく身につけたやり方であるため、言語化ができません。いざ聞かれても、売れる営業でさえ成果をあげられている理由を明確に言語化できないのです。

「どうしてあなたはそんなに成果が出せるのですか?」
「ただ普通に営業しているだけだけど。逆に、どうしてできないの?」
「うまいこと顧客の懐に入り込めるのは、どういう秘訣があるのですか?」
「ただ普通に会話をしているだけだけど。逆に、どうしてできないの?」

すべてが感覚なのです。

裏を返せば、言語化ができなくても売れる営業にはなれます。センスという言葉で片づけたくはありませんが、本書で紹介する知識、スキル、習慣・管理、心構えという営業において重要な4つの要素をある程度備えていて、運や縁に恵まれたひと握りの人が売れる営業になっていくのです。

かく言う私も、当初は言語化などできませんでした。

　幸運なことに、キーエンスからプルデンシャルに転職した経歴に興味を持っていただき、営業を始めて5年目ぐらいにセミナーの講師の依頼がありました。その準備をしていたとき、はじめて気づきました。

　「セミナーで、何をどうやって話せばいいのだろう？」

　言語化できないことに焦りました。このままではセミナーにならない。そう思い、必死で営業についての要素を棚卸しし、それを言語化することに努めました。

　その結果、どうにかセミナーをやり遂げることができました。その後も幾度となく「田中大貴営業セミナー」という小さな営業塾が催されることになり、内容をブラッシュアップするために言語化する訓練を積んでいきました。

　ほとんどの営業パーソンには、そのような機会はありません。そうなると、言語化する必要性を感じることもないのです。脳内の知識を誰かに伝える機会もなく、その知識は暗黙知のまま営業パーソンそれぞれの脳内に感覚として放置されます。形式知にならない知識は、埋もれたまま共有されませんから、「売れる組織」になりようがありません。「売れる組織」が増えなければ、「売れる営業」も増えず、労働生産性も上げられないままになってしまいます。

トップセールスに依存しない組織の営業力強化

　企業の大半は、一部のトップセールスの成果に依存しています。なおかつ、安定した成果をあげる人もいれば、不安定な人もいるというバラつきが生じています。

　キーエンスには、土台となる営業の型がしっかりとつくり込まれていたので、その不安定さはありませんでした。つまり、**営業の型がない企業の成果は、0から100までのバラつきがある一方で、営業の型がある企業のバラつきはかなり小さくなり、おおむね50から100までの間に分布するイメージ**です。

このバラつきを可能な限りなくし、営業力の底上げができれば、組織の生産性は必ずアップします。

　この点、プルデンシャルは成果に応じて自身の報酬が決まる「フルコミッション制」のため、キーエンスに比べてどうしても個々の営業パーソンにおける成果にバラつきは生じていました。
　しかし、プルデンシャルには「ブルーブック（保険営業の教科書）」というまさに営業のバイブルがあります。入社後に受ける研修のなかでブルーブックの内容を学び、営業の型を身につけることで強い組織になっている点は、キーエンスとの共通点です。
　型を身につけるための教育体制と組織としてのカルチャーがあること。この２点が、２社の共通点であり、営業の強さの源泉です。

　教育体制においては、両社ともに入社してすぐに手厚い研修を受けることになります。その間、現場に出ることはいっさいありません。
　対して、多くの会社は数週間から１ヶ月程度の研修を受けたら、次にはすぐに現場に放り込まれます。先輩の営業を見て覚える。自分の営業に同行してもらい、先輩からフィードバックを受ける。運良く、相性のいい先輩や上司、顧客と出会うことができればいいのですが、反対であれば厳しいスタートになる可能性が高いでしょう。この時点で運の要素に大きく左右されます。

　またカルチャーは、キーエンスとプルデンシャルではある意味正反対です。第２章で詳しくお話ししますが、効率を追求することでその先に結果があるとするキーエンスに対して、プルデンシャルは型の部分以外は本人の自由度に任せ、メンバーの感情をうまく鼓舞することで結果に繋げるという社風です。カルチャーは正反対ですが、それを組織に根づかせるために両社ともあらゆる方法を用いています。
　厳密には、フルコミッションで自由な社風のプルデンシャルにおいて、営

業パーソンの成果にバラつきが生じてしまうのは、先述したフルコミッション制であることに加え、**見込み客（リード）を自分で発見しなければならないから**です。プルデンシャルでも企業側が見込み客の提供をしてくれれば、まったく異なる結果になっていると考えられます。

　このような例外はあるにせよ、**営業の型があることによって、成果のバラつきを50から100までの間に縮小できることに間違いはありません。**

　この点については、第1章から詳しく解説していきます。

　では、本編に進んでいきましょう。

常に成果をあげる
組織の秘密

営業力がバラつく原因は
「営業教育の不在」

　営業職は、誰にでもできる仕事と思っていないでしょうか。

　それは誤解です。私は、**営業職は専門職のひとつ**だと捉えています。にもかかわらず、**営業職を独り立ちさせる教育環境はほとんど整っていません。**そこに、営業パーソンの苦悩する原因があると思っています。

　営業職と医師、美容師を比較してみましょう。

　まずは医師です。大学医学部で6年間の教育を受け、卒業後に医師国家試験に合格すれば医師免許を取得することができます。医師免許を取得してはじめて、研修医（旧初期研修医）として2年間、専攻医（旧後期研修医）として3年間の経験を積むことができます。いわゆるOJTのようなものです。

　5年間の経験を積むと、専門医試験の受験資格を手にすることができます。その専門医試験に合格して、ようやく一人前とみなされます。大学受験から始まる高難度の試験をクリアし、高度に整備された研修制度による学びを経て、人の命を扱う業務に従事することができます。

　一方、美容師になるには厚生労働大臣、または都道府県知事の指定した美容学校で2年間の課程を修了（通信課程は3年間）する必要がありま

す。修了すると、美容師国家試験の筆記試験、実技試験の受験資格が得られます。筆記試験、実技試験ともに合格してはじめて、美容師免許を取得して美容師名簿に登録することができます。

多くの美容師はサロン勤務となりますが、すぐに顧客の髪の毛をカットできるわけではありません。先輩美容師からの指導のもと、アシスタントとしてトレーニングを積みます。現場における試験をクリアしてはじめて、ようやく顧客の施術ができる。そのために日ごろから勉強と練習を重ね、合格してようやく独り立ちできます。

それに対して、営業職には医師や美容師のような資格や免許は必要ありません。必然的に、教育体制も整っていません。多くの営業パーソンは四年制大学を卒業後に就職し、その企業で営業職に就きます。ただ、4年間の大学生活で営業について学ぶ機会はほとんどありません。営業は良い意味でも悪い意味でも、学歴や年齢に関係なく、誰もが就ける職種なのです。

営業職に就いてからも、医師や美容師とは違います。ごく一般的なケースは、入社後に自社の扱う商品やサービスを勉強し、すぐに先輩の営業に同行しながらOJTで学びます。しかし、どの先輩から指導を受けるかによって教えられる内容は異なります。しかも、十分な時間をかけてもらえることはなく、まだ半人前の段階で放り出されます。

「あとは経験。自分で感覚を掴んでください。頑張って！」
そう言われても、ひとりではほとんど何もできません。
「何が正しくて、何が間違っているのか」
「何をやるべきで、何をやるべきではないのか」

正解がわからないなか、自らの「感覚」を頼りに、OJTで見聞きしたことを見よう見まねで試行錯誤するしかありません。仕事をするなかで、営業のコツを掴んだ人は成果をあげることができますが、ほとんどの営業

パーソンは思うような成果をあげられず悩んでしまいます。

型＝教科書があれば営業の成果はもっとあがる

このような経過をたどる営業パーソンがきわめて多いと思います。これは企業の規模の大小を問わず、都市でも地方でも同じです。もちろん、高学歴の学生が入社する上場企業でも変わりません。では、なぜこうなってしまうのでしょうか。

繰り返しですが、**営業に「教科書」と呼ばれるものがない**からです。

医師や美容師には、国家試験というモノサシがあります。それに合格するための教科書が緻密に整備されています。合格しようとする人は、その教科書を必死に勉強します。その結果、医師や美容師になるための基礎知識や最低限のスキルを獲得することができるのです。

一方、営業には国家試験も民間の資格試験もありません。ですから、それをクリアするための教科書もありません。だからこそ、的確な営業教育をすることが難しいのです。

そのため、営業パーソンには多くの疑問や課題が生じます。

- 何が正解なのかわからない
- ＯＪＴ以外の営業教育がないため、営業のやり方がわからない
- 会社の研修を受けても、実践的な内容に欠けている
- 先輩や上司によって指導力にバラつきがある

さらに、マネージャーの立場からも次のような課題が浮き彫りになります。

- 何が正解なのかわからない
- 経験や勘、思いつきに基づくため一貫した指導や教育ができない
- 日常業務が忙しく、指導や教育に十分な時間をかけられない
- 複数のメンバーに対して、同じような指導をすることが億劫になる

企業の視点から見ても、多くの課題が発生しています。

○ 適切な営業教育が何なのかわからない
○ 入社時の営業教育のカリキュラムがない
○ 営業として一人前になるまでのステップが明確になっていない
○ 営業教育をしているのに、営業パーソンが期待通りに育たない

　これらの課題があるかどうか多くの企業に尋ねると、100％に近い企業が該当すると答えます。ほとんどの企業が、どのようにして営業の水準を高めるかについて悩んでいることが明らかになっています。

　営業パーソンとして同期入社したAさんとBさんがいたとしましょう。AさんとBさんはともに、四年制大学を卒業して入社しています。それぞれの大学のレベルもほとんど変わりません。営業としての能力はともに未知数です。

図6　成長速度の差

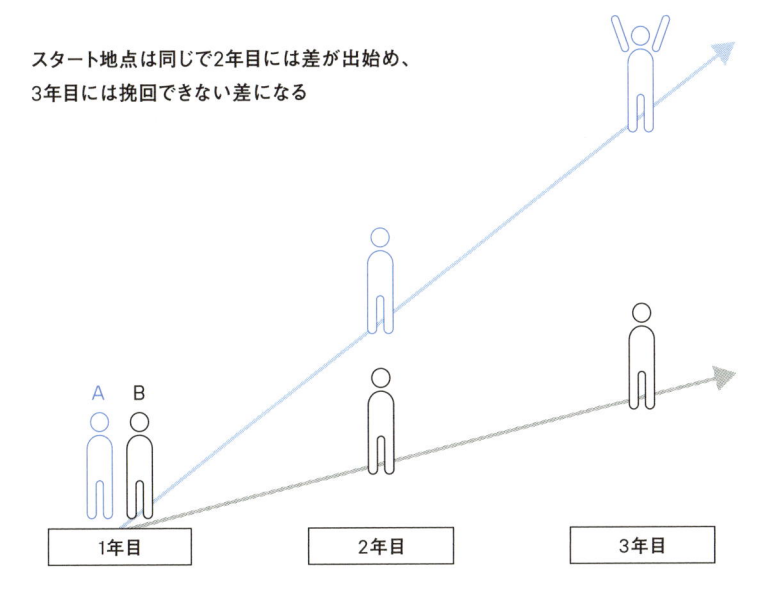

スタート地点は同じで2年目には差が出始め、
3年目には挽回できない差になる

A　B

1年目　　2年目　　3年目

図6のように、AさんとBさんのスタート地点は同じです。ところが、2年目になるとAさんの成果がBさんを上回り、3年目になると挽回できない差まで開いてしまっています。営業としての能力は変わらないはずなのに、コツを掴んだか、良い上司に巡り合ったかどうかで、このような現象が起こるのが営業現場の実情です。

　売り上げの8割は2割の社員に依存するという「パレートの法則」があります。
　10人の営業パーソンの組織とした場合、2人の売れる営業、6人の普通の営業、2人の売れない営業という分布になる傾向があります。
　これは組織として営業の成果が分散化している状態であり、決して理想的な形ではありません。
　この分散化を解消するために必要なのが、営業教育なのです。

図7　営業の標準化イメージ

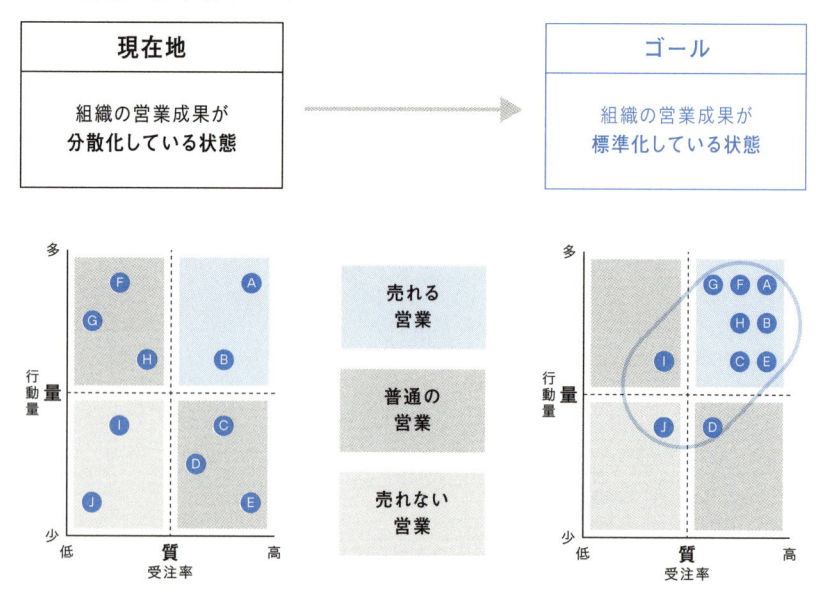

　人数は同じでも、**ひとりあたりの生産性を上げることで売り上げの最大化を図る**必要があります。最終的には、売れる営業7、普通の営業2、売れない営業1の分布になるよう、標準化するイメージです。

　標準化の源になるのが、営業の型です。教育を通じて営業の型を会得させ、営業パーソンによってバラつきが生じる成果を高位安定に導く必要があるのです。私がこの考えに至ったのは、新卒で入社したキーエンスでの経験があったからです。

「売れない営業をつくらない」キーエンスの型

　キーエンスでは、営業の型が1から10まで完璧にでき上がっていました。その型通りに営業すれば、一定以上の成果をあげることができます。つまり、企業として「売れる営業をつくる」というスタンスではなく、むしろ**「売れない営業をつくらない」**というスタンスだったのです。

　よく考えれば、企業として120点の「超売れる営業」を育成するのは大変な労力と費用がかかりますし、何より再現性にも乏しい。しかし、80点の売れる営業であれば、超売れる営業よりも再現性高く育成することが可能です。**80点の売れる営業が組織内に大量にいたほうが、組織としての生産性は間違いなく上がります。**

　もちろん、いわゆる金太郎飴を大量生産しようと言っているわけではありません。

　言うまでもなく、営業パーソンにはそれぞれ個性や強みがあります。その個性や強みを発揮するためにも、ある一定水準の営業力が必要なのです。基本的な営業力もないのに、個性や強みを主張しても相手にされません。

　その営業力を担保するのが、営業の型なのです。ところが、多くの企業には型がないため、メンバーの成長力に差が生まれています。一部の売れる営業の成果に依存し、どうにか帳尻を合わせていますが、それぞれ

の個性や強みを生かすことができません。

　その点、誰もが習得できる営業の型があると、メンバー個々の成長が実現でき、個性や強みを生かしてより魅力的で成果をあげられる営業パーソンに育て上げることができます。

　私が新卒からおよそ2年半の時間を過ごしたキーエンス、その後舞台を移し約11年間を走り続けたプルデンシャル、営業力の高さに定評があるリクルートのような企業は、営業の土台となる型をしっかりとつくり込んでいます。だからこそ、組織としてきわめて安定した成果をあげ続けられるのです。

　私は、自らの営業経験からも、理論的な裏づけからも、営業の型づくりが絶対に必要だと考えています。

営業力を高めるための 4つのステップと4つの要素

　営業に限らず、物事を実現するためには、ステップを踏んでいく必要があります。一足飛びに成長しようとしても、どこかに抜けや漏れが生じて土台が崩壊し、高い目標には到達できません。

　そのステップには、次の4つの段階があります。

ステップ1「知る」
ステップ2「わかる」
ステップ3「やってみる」
ステップ4「できる」

　車の運転を例に説明しましょう。

　車の運転は、まずは運転免許の教本などで全体像を理解することから始まります。運転に必要な交通ルール、車の操作方法、各パーツの機能などです。それが「知る」のステップです。

　次に、詳細な交通ルールや各機能の具体的な使い方を理解し、運転するための手順や手続きを学びます。それが「わかる」のステップです。

　続いて、教習所で指導教官に同乗してもらいながら、それまでに学んで

きたことを実践形式で練習します。これが「やってみる」のステップです。

　仮免許を取得したら公道に出て、ルールを守ってスムーズに車を操作しながら、無意識に安全運転ができるようになるまでさらに経験を積みます。これが「できる」のステップです。

　これを、営業の世界に置き換えてみましょう。

　営業で成果をあげるには、次の4つの要素が不可欠です。

知識
スキル
習慣・管理
心構え

　そして、それぞれの要素において「知る」「わかる」「やってみる」「できる」という4つのステップを踏んでいくことになります。

　理想的な流れとそれぞれのステップで学ぶ内容を一覧にしたのが図8です。

　営業において必要な知識、スキル、習慣・管理、心構えを、まずはステップ1の「知る」に焦点を絞って体系的に学ぶことから始めます。ステップ2ではそれらを具体的に深く理解します。ただ、「わかる」ができるようになっても「できる」ようになるわけではありません。「できる」ようになるためには実際に「やってみる」ステップ3を踏む必要があります。最終的には4つの要素をステップ4の「できる」で実際の営業のときに駆使していきます。

　それぞれの詳細はのちほどお話ししますが、これら4つのステップと4つの要素を理解し、実際にできるようになってはじめて、営業の型が完成します。

　この図8は、第3章から第6章で再度出てくるので、ここでは全体像を記憶していただければ結構です。

図8　成果をあげるためのステップと要素

	ステップ1 知る	ステップ2 わかる	ステップ3 やってみる	ステップ4 できる
知識	**必要な知識を知る** ・営業知識 ・業界知識 ・商品知識 ・競合知識	**知識を理解する** ・営業の役割とは ・営業に求められる能力 ・顧客がされたい営業とは	**テストで測る** ・知識の習得度を 　テストで確認する	
スキル	**必要なスキルを知る** ・信頼関係構築スキル ・ヒアリングスキル ・提案スキル ・クロージングスキル	**スキルを理解する** ・商談プロセス ・顕在ニーズと潜在ニーズ ・トークスクリプト ・応酬話法	**ロープレ（練習）をする** ・最適なトークスクリプトを 　自ら考え、ロープレを実践 　する	**営業活動で 実践できる** 「知識」「スキル」 「習慣・管理」 「心構え」を 営業現場で 発揮できる
習慣・管理	**必要な習慣・管理を知る** ・目標管理 ・行動管理 ・案件管理	**習慣・管理を理解する** ・KGI／KPI ・PDCA ・スケジュール管理	**決めた習慣・管理を継続する** ・三日坊主にならないよう 　自らを律し、管理する	
心構え	**必要な心構えを知る** ・成長マインド ・達成マインド ・顧客マインド	**心構えを理解する** ・営業としてのあり方 ・自責思考と他責思考 ・3つの自信	**心構えを磨く** ・心構えを磨き、顧客から 　頼られる存在になる	

営業に強い組織には
一人前になるための教育体制がある

　ところが、この4つのステップと4つの要素を明確に定め、それを教育、指導している企業はほとんどありません。ほんのわずかな企業で実践されていますが、すべてを網羅し、独自の営業の型を持っている企業はほぼ存在しません。

　よく見られるのは、ステップ1からステップ3がきわめて中途半端で、それぞれの要素の中身も多くが欠けているケースです。それにもかかわらず、たいした研修も受けていないうちに現場に配属された営業パーソンに、現場のマネージャーはいきなりステップ4、つまり「できる」を求めてくるのです。

　「きみは、なんでこんなこともできないの？」

　経験のない営業パーソンは、そう言われても困ってしまうでしょう。

体系的に学んでもいないことが、できるわけがありません。はじめて営業を経験する人に、そこまでの水準を求めるのは酷です。しかし、このようなことがあらゆる組織で起こっています。「当たり前にできる」という幻想と、「やってみるとできない」という現実。そのギャップから営業が嫌いになってしまう人があとを絶ちません。

私が在籍したプルデンシャルやキーエンス、話に聞くリクルートのような強い営業組織には、営業教育の仕組みと型が存在しています。改めてプルデンシャルとキーエンス時代を振り返ってみると、たしかにこのステップと要素を踏んでいたことがわかりました。

そこで、私が実際に体験したプルデンシャルとキーエンスの具体例から、4つのステップと4つの要素の概要についてお話しします。**プルデンシャルとキーエンスでの私の実際の体験なので、伝聞による不**

図9　プルデンシャルとキーエンスの主な教育施策

	ステップ1 知る	ステップ2 わかる	ステップ3 やってみる	ステップ4 できる
プルデンシャル	・ブルーブックの音読 ・業界知識研修 ・会社知識研修 ・商品知識研修 ・セールスプロセス研修 ・KGI／KPI研修 ・ライフプランナーシップ研修	・ブルーブックの会得 ・各種知識の会得 ・トークスクリプト／応酬話法の会得 ・セールスプロセスの会得 ・KGI／KPIの会得 ・ライフプランナーシップの会得	・専門知識試験 ・ロープレ試験 ・セールスプロセス管理 ・KGI／KPI管理	・日常的にロープレ ・学習プラットフォーム ・定期的なナレッジ共有
キーエンス	・ビジネスマナー研修 ・会社知識研修 ・商品知識研修 ・セールスプロセス研修 ・KGI／KPI研修	・各種知識の会得 ・担当エリアの分析 ・実績／事例の理解 ・ベストデモ（スクリプト）の会得 ・セールスプロセスの会得 ・KGI／KPIの会得	・商品テスト ・実績／事例の提案 ・ロープレ大会 ・セールスプロセス管理 ・KGI／KPI管理	・日常的にロープレ ・事前／事後外報 ・定期的なナレッジ共有 ・データの蓄積／解析

正確さや誇張はありません。 上澄みをすくい取って美化されたものではなく、リアルな取り組みであることを保証します。

　多くの企業、組織が、一人前になるまでのステップを明確にしていません。

　入社してからどのようなステップを踏んでいけば成長できるのか。

　それぞれの段階においてどのような知識、スキル、習慣・管理、心構えが必要なのか。

　それらが整理できれば、営業力を高め生産性を上げたい企業、営業に不安を感じている営業パーソンが迷わなくなるのではないか。

　そうした考えのもと、4つのステップと4つの要素を順に説明していきます。

　これは、営業初心者の教育だけでなく中堅クラスの営業パーソンのリスキリングにも役に立てると信じています。

ステップ 1
「知る」

プルデンシャルの「知る」

まずは、プルデンシャルからお話ししましょう。

プルデンシャルでは中途採用しかなく、しかも通年で採用を行っているため、毎月1日に誰かが入社します。入社式が行われる1日と2日は本社に呼ばれ、社長からの訓示と全体の集合研修を受けます。

その全体研修では、一人ひとり目標を発表させられます。その様子は撮影され、全体に配信されます。エグゼクティブ・ライフプランナーという部長職になった人が、先輩としての講演を行って新人を鼓舞し、営業本部長がスピーチで新人を鼓舞する。これが入社式直後の研修のプログラムです。

それが終わると、3日目からは採用先の支社に移動し、支社長、所長、支社の先輩たちに挨拶をします。それを済ませると、いよいよ本格的な研修（実際には入社前にも業界知識を身につけさせる研修を行ったり、面接を通してプルデンシャルのカルチャーを伝えたりもしています）がスタートします。

プルデンシャルにおける「知る」のポイントを見ていきましょう。

ブルーブックの音読

では具体的に、どのような研修が行われるのでしょうか。

プルデンシャルでは、先述した「ブルーブック」の音読からすべての研修が始まります。音読し、それらの内容を記憶するのです。

ブルーブックとは、プルデンシャルが定める営業の知識、スキル、習慣・管理、心構えなどについて詳細に書かれている「教科書」です。コーポレートカラーが青色のため、プルデンシャルに関わる人はそれをブルーブックと呼んでいます。

プルデンシャルの営業パーソンにとっての「心臓」ともいうべき門外不出のハンドブックであり、それは何冊にも分かれています。分量が膨大なので、すべての内容を研修期間中に音読し記憶するのは不可能です。そこで、営業パーソンが成果をあげるためにきわめて重要な何冊かをピックアップし、すべての新人が音読します。

ブルーブックを音読する理由は、英語の習得と変わりません。黙読するよりも、音読のほうが頭に入ってくるからです。仮に支社に入社したのが自分だけだったとすると、支社長と自分、あるいは所長と自分の一対一で音読が行われます。

「セールスプロセスの○ページを開いて読み上げてください」

まるで授業を行う先生と生徒のように、指定された部分を読み上げます。そして、文章だけでは補いきれないところについて支社長や所長が補足し、それをメモするといった具合に進んでいきます。このやり方は、支社長や所長によって少し違うこともあります。当の支社長や所長も、入社時に受けてきた教育が多少違うからです。

プルデンシャルに入ろうとする人は、ほとんどが基本的に自分の営業力

に自信を持っています。とはいえ、それぞれの企業で高い成果をあげてきた猛者たちも、営業について体系的に学んできたわけではありません。

　先輩たちに、保険営業は営業デビューしてからのほうが苦しいと教えられるので、誰もが必死にブルーブックから学ぼうとしていました。

　私は研修を終えるころには、身につけた知識、スキル、習慣・管理、心構えが最高の水準にできたと思えるほど勉強しました。むしろ、現場に出ると勉強する時間が少なくなっていくので、記憶したものも忘れていきます。ただ、プルデンシャルでは、困ったときやスランプに陥ったときにはブルーブックに立ち返る「Back to the Basics」という考え方が浸透しています。まさに保険営業のバイブル、型がブルーブックだったのです。

業界知識の習得

　あわせて、保険業界に関する知識についての研修もありました。

　そもそも、どのような目的で保険が誕生したのか。どのような経緯で発展してきたのか。なぜ生命保険と損害保険は両方扱うことができないのか。

　たとえば、保険業には「人間の生死に関する保険（いわゆる生命保険）」の第一分野、「事故などによる損害を補填する保険（いわゆる損害保険）」の第二分野、「傷害や疾病などに関する保険（いわゆる医療保険）」の第三分野があります。

　生命保険会社は第一分野と第三分野の商品を扱うことができ、損害保険会社は第二分野と第三分野の商品を販売することができます。しかし、第一分野と第二分野のリスク特性があまりにも異なるため、兼業することが禁じられているのです。こうしたことを含め、業界の知識を学ぶことも課せられていました。

それに加えて、プルデンシャルという企業についての知識も学びます。プルデンシャルは150年を超える歴史がある企業です。どのような成り立ちで、どのように発展してきたのか。同時に、プルデンシャルのカルチャーも学びます。

プルデンシャルには「拍手と握手」というカルチャーがあります。だから、何かあるたびにメンバーに拍手を送り、メンバー同士で握手を交わします。ミーティングのときに発表した人に対して拍手、そして賞賛と労いの握手。それがないと、居心地が悪い感覚になるほど徹底されていました。

頑張ろうという意味合いの「PMA（Positive Mental Attitude）」を連呼するカルチャーもありました。役員を含め、一堂に会したときのスピーチのあとに言うことがあります。キーエンスにはそのようなカルチャーがなかったので、非常に新鮮でした。

もちろん、本業に関する研修も充実しています。プルデンシャルが扱う商品に関する研修、プルデンシャルが推進するセールスプロセスに関する研修、プルデンシャルの営業パーソンとしてのあり方（ライフプランナーシップ）に関する研修などがありました。

目標に対する考え方を叩き込む

さらに、目標に対する考え方も叩き込まれました。

プルデンシャルだけでなく、保険業界はすべてそうだと思いますが、成果をあげたときの報酬の設計が上手でした。当時の「社長杯」は、年間の契約件数と契約金額を指標に、トップレベルの成果をあげたライフプランナーに報酬がありました。いまではなくなってしまいましたが、当時は海外での表彰式が一般的でした。

保険業界における世界共通の基準として存在するのが「MDRT

(Million Dollar Round Table)」という目標です。

　ＭＤＲＴには年間保険料約2500万円、年間手数料約830万円、年間収入約1450万円という入会基準（いずれもＭＤＲＴ日本会の2026年度版の資料による）があり、これらのうちいずれかの基準を満たせばＭＤＲＴに入会できます。ＭＤＲＴに入会できれば、ライフプランナーとして一流とみなされます。

　ＭＤＲＴの3倍以上の金額になると「ＣＯＴ (Court of the Table)」に認定され、6倍以上の金額になると「ＴＯＴ (Top of the Table)」と呼ばれる最上級の資格に認定されます。このＴＯＴは生命保険営業のなかで上位0.01％相当だと言われています。

　最初の研修では、まずはＭＤＲＴを目指し、さらにＣＯＴ、ＴＯＴを目標とすることを刷り込まれました。私もプルデンシャル在籍中はそれを目指し、2017年度から2021年度の5年間にわたってＴＯＴ会員に認定されました。

社内格付けの理解

　プルデンシャルの社内格付けも教え込まれます。

　入社してすぐのころは「ライフプランナー」という格付けから始まります。そこから順に「シニア・ライフプランナー」「コンサルティング・ライフプランナー」「シニア・コンサルティング・ライフプランナー」「エグゼクティブ・ライフプランナー」と上がっていきます。

　ライフプランナーは肘掛けがない椅子に座ります。シニア・ライフプランナーになってはじめて、肘掛けが付いた椅子に座ることができます。シニア・コンサルティング・ライフプランナーになるとデスクが大きくなり、エグゼクティブ・ライフプランナーになると半個室が与えられます。単に肩書が変わるだけでなく、備品がグレードアップしていくのです。 入社して間もない人にも、エグゼクティブ・ライフプランナーがどれだけすごい人かが明らかに

なっています。

　昔といまではだいぶ変わってきていますが、エグゼクティブ・ライフプランナーは全体の1割弱だと思います。以前は全体の5%程度と言われていたので、かなり増えてきたと言えます。私も2017年、入社から6年半で当時の最年少でエグゼクティブ・ライフプランナーに就任しました。

　エグゼクティブ・ライフプランナーの基準は、昇進の審査時点も契約が続いている累計の契約金額と契約件数をベースにしています。理屈では、解約されずに実績を積み上げ続ければ誰もがなれる役職ですが、実際になれるのはひと握りであり、ライフプランナーにとって憧れの役職です。

　入社してからの集中的な研修で、営業はどうやるのか、何を目指して頑張るのか、どのようにして頑張るのかについて、プルデンシャルの型を徹底的に叩き込まれました。 それがベースとしてあるので、あらゆる商談の局面で困ることはほとんどありませんでした。

　とくに、プルデンシャルの扱う保険は金融商品だったため、商品性について他社との差別化が図れません。そのなかで、**他社との差別化を図るために何をやればいいのか。それが業界知識や企業知識、商品知識など、専門家としてあるべき姿を充実させること**だと気づきました。

　営業デビューしてからは、商品説明に入る前の段階で知識によって他社との差別化を図り、この人に任せればきっと大丈夫だという信頼を得ることに集中し、契約につなげていました。それが可能だったのも、いま思えば研修で基礎の部分をしっかり学べたからなのです。

キーエンスの「知る」

　続いてはキーエンスです。

　キーエンスとプルデンシャルに共通するのが、**座学による集中研修**です。

ほかの企業は、あまり座学研修の用意ができていません。商品やサービスについての研修を短期間でひと通り済ませ、あとは現場に出てOJTで学ぶスタイルです。体系的なステップを踏めないため「抜け・漏れ」が避けられず、現場に出てもわからないことが多い状況です。

　キーエンスの教育施策もポイントで見ていきましょう。

研修施設に缶詰で徹底研修

　キーエンスは、プルデンシャルと同じように入社式が1日あり、その後は本社や研修施設で1ヶ月間にわたる泊まり込みの研修が始まります。
　ただし、プルデンシャルと異なるのは、配属される事業部によって研修期間が多少変わる点です。事業部によって扱う商品数が異なるため、商品知識研修に費やす時間が変わるからです。私が配属されたマイクロスコープ事業部は、商品数は少ないものの、商品単価がもっとも高かったため、トータルで1ヶ月という研修期間になりました。配属は5月の連休明けからです。

　マイクロスコープ事業部は、いわゆる顕微鏡の部門です。平均単価は1台あたり700万円から800万円の商品群です。キーエンスは安易な値引きをしない企業としても有名です。基本的に取り扱う商品の7割近くで業界初、世界初をうたい、性能面で顧客に選んでもらえるような営業を貫くことで、高付加価値・高利益率を実現しています。そのため、営業にとって商品知識を身につけることは必須の要素でした。**価格比較ではなく、性能比較にもっていくための商品知識が必要でした。**

　とはいえ、キーエンスで営業を担うのは、ほとんどが文系大学出身者です。私を含め、入社希望者はキーエンスという企業、あるいはその環境に興味を持っているだけで、ファクトリーオートメーションのメーカーであるキー

エンスの機器に興味を持っているわけではありません。私も入社してからマイクロスコープ事業があることを知ったほどです。中学校の理科の授業以来、久しぶりに顕微鏡を見る。その程度の知識の人を売れる営業にするための教育が行われるのです。

そもそも顕微鏡には、光学顕微鏡と電子顕微鏡があります。そんな基礎知識から始め、顕微鏡の原理や仕組みなど段階的にレベルが上がっていきます。

座学研修→毎日の小テストで知識を叩き込む

キーエンスの研修には、商品を理解するための完璧なカリキュラムがありました。

研修時間は9時から18時ぐらいまで、毎日の講義に対して翌日の朝に小テストが行われます。**昼間は講義形式で知識を習得し、小テストで習熟できているかどうかを毎日確認するのです。**私は本社での1ヶ月間の研修で、ホテルに宿泊していましたが、研修が終わってもホテルに戻って同期と一緒にひたすらテスト勉強をしていました。

ほかの企業からすると、研修でテストがあることに驚かれる人が多いようです。多くの企業が、商品やサービスの特徴や機能を伝えて終わり。しかし、それでは知識は定着しません。**伝えて終わりではなく、伝えた知識が定着しているかどうかをテストを通じて確認する。**そこに大きな意味があるのです。

キーエンスに入社してから常に言われていたのは**「タイムチャージ」**という言葉です。

自分の1時間あたりのタイムチャージはいくらか、入社式から意識させられました。高付加価値をうたっている企業なので、自分の生産性や付加

価値を意識しろと言われる。さんざん講義を受けたのに記憶にとどめられなければ、その時間がまったくの無駄になるのです。

　それに営業において知識というのは、あればあるだけ良いものです。この人は自分よりも知識を持っていると思ってもらうだけで、営業はしやすくなります。逆に、この人は自分より知識がないと感じられてしまえば、その信頼を取り戻すのは思っているより大変なのです。

ステップ 2
「わかる」

ステップ1の「知る」と、ステップ2の「わかる」はニアリーイコールです。

強いて違いを言えば、「知る」は「原理原則」を会得することであり、「わかる」はその企業の実情に沿ったものを会得することです。つまり、知識として入ってきたものを使える状態にするのが「わかる」のステップのイメージです。

プルデンシャルの「わかる」

プルデンシャルの「わかる」は、**ブルーブックの会得**です。音読して言葉やフレーズを覚えるだけにとどまらず、内容を理解して腑に落ちるところまで徹底させます。これは「知る」のステップからの地続きです。プルデンシャルの営業の基本は常にブルーブックなのです。

トークスクリプトと応酬話法の会得

さらに、「わかる」のステップでは**トークスクリプトと応酬話法の会得**が加わります。このトークスクリプトと応酬話法は、プルデンシャルの用語では

「反対処理」と表現していました。

　プルデンシャルには「まずは個人保険から取り組む」というポリシーがあるため、教育もそこから始まります。そのとき、個人保険でも独身者に営業するのか、DINKSと呼ばれる子どもがいない世帯に営業するのか、子どもがいる世帯に営業するのかによって、商談で話す内容が変わってきます。

　「顧客にこういうふうに言われたら、こういうふうに返しなさい」

　それぞれのケースでトークスクリプトと応酬話法があったので、それを一言一句覚えるところからスタートしました。プルデンシャルの応酬話法の詳細は第4章のスキル編（P213）で詳しく解説していますので、気になる方は先に読んでみてください。

セールスプロセスの会得

　次に、**セールスプロセスの会得**です。プルデンシャルには「OI→FF→P→C」と呼ばれるセールスプロセスがあります。

- OI「オープニングインタビュー」（会社や担当者への信頼＋生命保険に興味関心を持ってもらうプロセス）
- FF「ファクトファインディング」（生命保険の必要性に気づいてもらうプロセス）
- P「プレゼンテーション」（顧客の課題に対する解決策を提示するプロセス）
- C「クロージング」（契約に向けて顧客の背中をあと押しするプロセス）

　このセールスプロセスを実際の案件でどのように回していくのかについて学びます。

　プルデンシャルは「月〆」ではなく「週〆」の会社なので、1週間のなかでOIを何件入れればいいのか、Pを何件入れればいいのか、そうした目安を理解します。

　もちろん、研修の段階はまだ座学でしかないため、営業として必要な知識を概念として教えてもらい、実際に現場に出てからその意味が徐々にわかってくるというスタイルです。

　プルデンシャルの研修全体として言えるのが、**とにかくひたすら覚える**ことです。現場に出ていないので、実際には腑に落ちていないものの、最初の段階は点としてひたすら学ぶ。現場に出てから、その点が徐々に自分のなかでつながり、やがて線になっていく感覚です。

キーエンスの「わかる」

　キーエンスの場合は、トークスクリプトと応酬話法の会得も行いますが、それよりも重視されていたのが**「ベストデモ」**の会得です。

ベストデモの会得

　ベストデモとは、本社の販売促進部門が丁寧に構築した、**それぞれの商品の最適な見せ方**です。キーエンスがベストデモを重視するのは、製造業であり商品（モノ）があるからです。世間ではコンサルティング営業と呼ばれることもあるようですが、実質は商品をいかに売るかです。したがって、商品ごとにベストデモが決まっていて、顧客との商談では必ずベストデモを実践する。そういう営業スタイルです。

　私が販売していた顕微鏡の場合、サンプルを照射する角度が決まっていました。レンズを斜め45度に傾け、実際には1ミクロンのレベルで立体的に映すことによって、普通の顕微鏡では見えないところまで見えるようにする。ミクロンレベルの高さが測定できるという説明は、ガチガチに決まっています。研修では商品の勉強をしながら、並行してベストデモを学びます。

エリア特性と事例研究

エリア特性と事例研究については、厳密に言えば研修終了後に営業所に配属されてからがメインとなる活動ですが、こういった知識が必要とされることをあらかじめ知っておくことは大切です。

通常、営業所に配属されると自分の担当するエリアを仮で持たされます。本当の意味で自分のエリアが持てるのは半年後の下期（10月）からになるため、配属後の5月から上期が終了する9月までは先輩が担当するエリアの一部を借りることになります。

その仮のエリアでも、実際に自分が担当することになるエリアでも、エリアの特性が必ずあります。このエリアにはこういう業界が多い。それが典型的な特性です。たとえば、名古屋東海圏であれば、その核にはトヨタ自動車があるため、自動車関連の二次、三次の下請けの企業が密集している、といったことです。

キーエンスはファクトリーオートメーションの商品を扱う企業のため、工場に行くのがメインです。そのため、エリア特性を把握しておくことは基本中の基本なのです。

事例研究とは「どのような用途でその商品が導入されたのか」について、業界や企業の過去の事例を網羅することです。

営業初心者にとって、商品がどのような用途で導入されたかなどわかるはずがありません。私が扱う顕微鏡が、なぜ工場で使われるのか最初はまったくわかりませんでした。

しかし、いろいろな事例を把握しておけば、営業現場に出たときに商談がうまく進められなくなる事態に陥らなくなりますし、他社の導入事例を知ることで、別の企業に新たな提案ができるようにもなります。

キーエンスが優れていたのは、エリア特性、事例研究の素材となる**「実**

績表」がかなり詳細につくり込まれていた点です。

　それぞれのエリアに実績表があり、営業パーソンは必ずこれを持って商談に臨みます。私の場合は滋賀県の担当でした。滋賀県の彦根市の企業に行った場合、こう強調できます。

　「同じ彦根市内ではこんな顧客が使っています」

　適切なタイミングで実績表を顧客に見せると、商品導入のあと押しにもなります。

　用途の事例集からもこんなトークが可能です。

　「御社と同じ業界であれば、このような用途で使っていただいています」

　すると、顧客はそれを見て考え始めます。

　「競合他社は、この商品を導入しているから歩留まりがいいのか」

　顧客にそう思っていただけたら商談はより進めやすくなります。そうした成功体験があるので、実績表は毎日のように商談に持って行った記憶があります。

　しかし、不思議なことに多くの企業には実績表がありません。私がキーエンスのケースを紹介すると、ほとんどの企業が納得します。

　ただ、プルデンシャルのような金融系企業に関しては、守秘義務の観点からなかなかやりにくい面があります。プルデンシャルではキーエンスとまったく同じアプローチはできませんでしたが、エビデンスを見せずにトークだけでほかの人の実績を伝えていました。相手が20代男性の場合はこうです。

　「私にも20代男性のお客さまはたくさんいらっしゃいますが、みなさんこういう商品を選ばれる傾向がありますね」

　「自分（自社）と似たような属性の人（企業）がやっている」という事実は、想像以上にその人の意思決定に大きく影響します。そのためにもエリア特性や事例研究は欠かせないのです。

ステップ 3
「やってみる」

　ここからは「知る」「わかる」で叩き込んだ知識を実践形式で使ってみるステップに入ります。

　営業の実践形式といえば、ロールプレイング（以下、ロープレ）です。プルデンシャルもキーエンスも、「やってみる」のステップでロープレを行います。

プルデンシャルの「やってみる」

ロープレに合格しないとデビューできない

　プルデンシャルでは、ステップ3の「やってみる」の段階で**ロープレの試験**があります。

　トークスクリプトを一言一句記憶するのは「わかる」の段階で必須ですが、それを駆使して実際の商談を進めるロープレ試験が1ヶ月の研修の最後に行われます。**このロープレ試験に合格しなければ、営業パーソンとしてデビューすることができない。これがプルデンシャルの厳格なルールです。**そのレベルをチェックするのは支社長で、厳しい目が注がれます。

　ただ、実際には2ヶ月目から営業デビューできないと、稼働日が減って成果をあげるチャンスが少なくなってしまいます。それはプルデンシャルにとっても損失なので、それぞれの試験は厳しくチェックされますが、一発勝負ではありません。うまくできなければ、フィードバックを経て何度も受けるチャンスは与えられます。したがって、最終的には誰もが合格するようになっています。

　むしろ、営業パーソンのほうが一発で合格するように準備します。そのため、ロープレの練習は「やってみる」の段階で始めるのではなく、入社後2週間目ごろ、まだ「わかる」の段階に取り組んでいるときから開始しています。

　トークスクリプトはOI（オープニングインタビュー）のスクリプト、FF（ファクトファインディング）のスクリプトという形でプロセスごとに数多くあるので、それほど簡単に記憶できるものではありません。したがって、セールスプロセスを学びながらそれぞれのトークスクリプトを完璧に覚え、そのプロセスに関するロープレをやってみてある程度できるようになったら、次のプロセスに進む。それを継続していきます。そして最後に、全体のロープレ試験のための準備をするという流れです。

　ポイントは、ロープレとトークスクリプトはセットであるということです。トークスクリプトがないのにロープレをやっても効果は半減してしまいます。それは、ロープレで何を再現するか、目指すべきゴールが何であるかが不明瞭だからです。ロープレの効果を最大化するためにも、トークスクリプトは用意するようにしましょう。

知識は礼儀

　生命保険を販売するには「生命保険募集人資格」を取得する必要があ

ります。生命保険募集人として営業活動をするためには、一般社団法人生命保険協会の「一般課程試験」に合格することが義務づけられています。入社した月の月末に試験があったので、そのためのテスト勉強にも必死で取り組みます。

　生命保険の営業パーソンは、顧客のライフスタイルなどに合った保険商品を提案することになります。そのため、生命保険の知識だけでなく、貯蓄・投資・税金・相続など周辺の幅広い知識を身につけなければなりません。

　プルデンシャルには**「知識は礼儀」**というカルチャーがあります。**営業のプロである以上、知識を持っていることが「すごい」わけではなく、当たり前という考え方です。**それは顧客に対する礼儀であり、知識を持たないことは礼を失すると考えるのです。

　そのため、一般課程試験では100点を取ることが求められました。もちろん資格を取得するには、最低ラインの点数でも構いません。合格さえすれば営業を始められます。ところが、プルデンシャルの場合は98点で合格しても、支社に報告したら拍手は起こりません。

　「加藤さんが一般課程試験に合格しました。98点です」
　「……」

　100点で合格した人には拍手が起こり、握手が求められます。その扱いには天と地ほどの差があるので、誰もが100点で合格するために試験勉強にも必死で取り組むのです。

　さらに、セールスプロセスを管理する「プロセス管理」の知識もこの段階で会得します。実際には営業デビューしてはじめてわかることですが、セールスプロセスは机上で習っても実際の現場でそう簡単にうまくできるものではありません。

「OIはうまくできたけど、思ったようにFFが進められない」
「FFまではなんとか進めたが、なかなかPのアポが組めない」

　このセールスプロセスのサイクルを1週間のなかでうまく回すために、どのようなスケジュールを組んでいくかという管理について実務を学びます。

キーエンスの「やってみる」

ロープレ大会で「ベストデモ」をもっとも忠実に再現できるのは誰か

　一方、キーエンスにはロープレ大会があります。
　ステップ2の「わかる」で覚えたベストデモを駆使し、実際の商談のようなロープレを行い、誰がもっとも優れているかを競う大会が行われます。
　基本的に、同じベストデモを覚えているので、営業トークは全員が同じです。ベストデモをどこまで正確に覚えているかが基本的な判断ポイントとなり、それを適切なタイミングで効果的に使いこなすことのできた人が最優秀となります。このロープレ大会は、リクルートでも行われていると聞きます。

　キーエンスのロープレ大会は、基本的に自由度はありません。覚えたことをそのまま表現することが求められます。その前提でも、誰がもっとも上手に表現できたかについて、かなり明確に差が出るものです。むしろ、このスタイルが重要だと私は思っています。
　最初から自由度を持たせること、言い方を変えれば営業パーソンの個性に委ねることは、この段階では早すぎます。ここでは企業として決めた営業の型を叩き込むことが何より大切です。
　営業の型は、「守破離」の「守」にあたります。その部分を完璧に覚え、自在に体現できるようになったうえで、自分の強みや個性を生かして「破

離」に進むのが順序です。

　この考え方は、プルデンシャルとキーエンスに共通していました。むしろ、一言一句完璧に覚える教育のオペレーションが行われている企業のほうが少ないので、それは大きなアドバンテージになっていました。

KPI管理を学ぶ

　KPI（Key Performance Indicator。最終目標を達成するための中間目標やマイルストーン）管理では、キーエンスが独自に定める**「社内日」と「社外日」**において、どのように行動を管理するかを学びます（これは研修というよりも、現場に配属されてから本格的に学びました）。**社内日とはアポイントの獲得（電話営業）に特化する日、社外日とは訪問営業に特化する日で、キーエンスでは週2日が社内日、週3日が社外日と決められていました。**

　社内日は、1日に何件の電話をかけるか、1日に何分の電話をするか、それらが厳密に定められていました。社外日においては、1日何件の訪問をするか、1件あたりの滞在時間を何分にするかが決まっていました。

　これは、KGI（Key Goal Indicator。最終目標）から逆算したKPIです。それらを叩き込むことで、実際の現場で効率的に動ける感覚が身につきます。

　また、社外日には何時にアポイントを組むかの目安まで決まっていました。朝一のアポイントは基本的には8時30分、2件目は10時30分に組む。そうすることで必ず午前中に2件は回れる。この「午前中に2件回る」ということがルールとされていたのです。キーエンスの社内日と社外日に関しては、第5章の習慣・管理編（P246）でも詳しく説明しています。

業界・商品・競合の知識は営業には必須

　プルデンシャルにしろキーエンスにしろ、商品知識を叩き込むのには理由があります。**業界知識、商品知識、競合知識のうちのどれかが少しでも欠けていたら、顧客から見た営業パーソンのプロフェッショナル感が一気**

に落ちるからです。

　プルデンシャルには明確に業界に関する研修がありましたが、キーエンスの場合はエリア特性や事例研究に取り組むなかで、業界が見えてくることになります。

　同じ製造業でも、食品業界と化学業界ではまったく特性が違います。

　同じ企業でも、品質管理部や生産技術部と商品開発部とでは仕事内容がまったく異なります。そうなると、話すべき内容も微妙に変わるので、これら3つの知識はすべて網羅しておく必要があるのです。

　繰り返しますが、研修の段階ではこれらの知識がよくわからない「点」であっても、営業現場に出てからそれが「線」になっていきます。しかし、もともと点を持っていなければ、線になることはありません。線がいくつも重なって面になり、強固な知識を備えた、優れた営業パーソンになるチャンスは、点を会得することからしか始まりません。

　営業パーソン自らの努力と経験によって、時間をかけて点ができるかもしれません。しかしそれでは、明らかに非効率です。ましてや、それを自らの力で線や面にできるのは、おそらくひと握りの優れた能力を持った人でしょう。

　プルデンシャルやキーエンスの場合は、段階を踏んで体系的に学んでいくからこそ、線や面につなげられる営業パーソンが多いのです。センスが良い人は、それぞれの企業にそう多くはいません。そうした偶然に頼るのではなく、必然になるような学びの仕組みを企業が整備しなければならないのはそういう理由です。

ステップ 4
「できる」

最終段階の「できる」は、実際の営業現場での行動です。そのため、さまざまな要素が複雑に入り組んでくることになります。

言及できることはさまざまありますが、**プルデンシャルとキーエンスに共通していたのが、日常的にロープレが行われる仕組みが構築されていたこと**です。

営業成果をどの程度あげているか、入社してからどれくらい期間が経っているかにもよりますが、営業所や支社のレベルで見ると、毎日のようにロープレが行われていました。ロープレが、企業のカルチャーになっているのです。

ロープレをやったことがある営業パーソンは多いでしょう。ロープレを「儀式」のようにやっている企業もあるにはあります。しかし、ロープレがカルチャーになっている企業は意外に少ないものです。プルデンシャルとキーエンスでは、会社側から強制されたわけでもないのに、ロープレが日常的に、当たり前のように行われているのです。

プルデンシャルの「できる」

日常的なロープレの習慣

では、どのような形でロープレが行われていたのでしょうか。

プルデンシャルの場合は、おおむね誰かの「勝負アポ」から始まります。

「明日のアポはどういうお客さまなの?」

「明日のお客さまはご多忙でなかなかアポが組めなかった●●病院の医師です」

「それならちょっとロープレやってみようか?」

そんな軽い流れでロープレに入るのです。このように本番さながらのロープレが行われ、そのフィードバックによって新たな気づきが得られます。

基本的にフルコミッションの報酬体系であるプルデンシャルは、先輩や上司がロープレに付き合う義務はありません。職務記述書に、部下や後輩の教育を行わなければならないとはひと言も書いてありません。

しかし、カルチャーとしてロープレが根づいているプルデンシャルでは、所長や先輩、同僚がロープレに付き合ってくれるのです。その理由は、プルデンシャルには**「助け合う文化」**があるからです。経験が豊富な所長や先輩が顧客役を務めてくれることで、嫌な質問やネガティブな返答などのケースに関する知識が蓄えられ、ネガティブ耐性もついてきます。

事前の準備としてだけでなく、商談の事後でもロープレが行われます。

「今日の商談はどうだったの?」

「あまりうまくいかなかったんです」

「それってどんな雰囲気で、どんな内容だったの? ちょっと再現してみようか」

やはり、そうした軽い流れでロープレに入っていきます。そのとき「もっとこういう形で言ったほうが良かったんじゃないの?」「そのときはこれを使うといいよ」など、いろいろな意見を聞くことができます。もちろん、はじめはこんな感情も浮かびました。

「終わったことだからいくらでも言えるよな。あとで言われてもなあ」

それでも、できるだけ忠実に再現し、うまくいかなかった原因は何か、次からはこう変えたらいいなど反省を積み重ね、営業現場での「引き出し」「口数・手数」が増えていく実感を得るようになりました。次第に、ロープレの効果を素直に感じるようになったのです。

キーエンスの「できる」

外報とロープレはセット

キーエンスの場合は、おおむね「外報」を通じて始まります。外報とは「外出報告」の略称であり、商談を中心にして「事前外報」と「事後外報」に分かれます。

キーエンスではひとつの商談が決まった場合、事前外報として担当者が「商談情報」「商談の目標」「商談の目的」について上司に報告します。それに対して上司は、懸念される点や準備状況の確認、指導を行います。商談が終わったあとは、担当者は商談の結果と次のアクションを上司に報告し、上司は反省点の確認と改善点の検討を担当者と一緒に行います。

キーエンスにはトレーニングカルチャーが浸透していて、実際の商談を想定した外報とロープレがセットで行われます。

事前外報の場合、まずは翌日訪問して行うすべての商談に対して商談情報、商談の目標、商談の目的を聞かれます。キーエンスの行動指針に

「目標意識・目的意識・問題意識」があるので、どのような行動にも「その目標は？」「その目的は？」と聞かれるのです。

　顧客と直接会っていない上司でも、目標意識・目的意識・問題意識を聞かれた担当者の話が具体的かつ正確であればあるほど、上司としても的確なアドバイスができますし、商談に有効な資料を事前に用意することも可能です。反対に３つに対してうまく答えられないと、準備不足と受け取られます。

　「そんな状態で訪問して意味があるの？」

　上司からは厳しい指導が入ります。そういうフィードバックやアドバイスをもらうのが事前外報の目的で、場合によってはそこからロープレに進むこともあります。

　「1件目の状況は理解できたので念のためロープレをしておこうか」

　事後外報も同様に、基本的にはすべての商談の訪問結果を報告し、その結果に至った要因について分析して伝え、それに対するフィードバックやアドバイスをもらい、次回のアクションを明確にします。

　事後外報の場合は、問題意識も聞かれます。仮に商談がうまくいったとしても、さらに良くするにはどういうことができたかについて聞かれます。その際、原因を特定し、担当者に理解させる意味でのロープレも行います。

　このように毎回の準備と振り返りを徹底することで、PDCA（Plan〈計画〉-Do〈実行〉-Check〈評価〉-Action〈改善〉の頭文字をとって名づけられた業務改善や目標達成のためのフレームワーク）を回している点が、キーエンスの最大の強みになっています。

外報はタイミングが命

　事前外報も事後外報も、実際の商談に近いタイミングで設定しなければ効果は半減します。とくに、事後外報は商談を終えたその日のうちにやるのがポイントです。時間が経つごとに人の記憶は曖昧になっていくからです。

「今日のA社の商談はどうだった？」

「ここはどんなふうに提案したの？」

「そのとき、顧客はなんと言ったの？」

「それに対して、どう返したの？」

こうした質問に対する答えが明確になることで、あるいは明確にならないことで、課題や解決策が明らかになります。そのためにも正確な再現が求められます。しかし、正確性を担保するには、ひと晩あけることがリスクになってしまうのです。

とはいえ、若手のうちはとくに商談自体に慣れていませんから、商談をした日であっても内容を正確に再現できるとは限りません。地味ですが、商談中にメモを取ったり、商談後にもすかさず内容をまとめたりすることはとても大切です。自分なりの形式でもいいので、商談内容をできる限り再現できるようにインプットしておきましょう。

当たり前を当たり前に実践するために

キーエンスは、PDCAを強く意識する企業です。事前外報と事後外報の仕組みがあることで再現性が高くなり、そこから学びを得て次に生かすサイクルが生まれるのです。

普通の営業パーソンは商談を100パーセント再現できないでしょう。このような仕組みがあって意識するからこそ、誰にでもできるようになるのです。再現ができるから、問題点が明確になる。それを修正していけば、それなりの成果は出る。やっていることは、きわめてシンプルです。

キーエンスのモットーは**「当たり前を当たり前に実践する」**です。カルチャーや型として当たり前になっていることを、誰でも当たり前にできるように徹底しています。

　この徹底こそが、ほかの企業の真似できないところです。**話すべき内容や取るべき行動など、すべてを型として決めて、それを徹底的に覚えさせる。実践のなかでPDCAを回す。**これはキーエンスだけでなくプルデンシャルにも共通する点です。これができるようになるだけで成果は確実にあがります。

　事前外報がなければ、なんとなく商談に行くことも可能です。事後外報がなければ、商談に同行しない限り内容はわかりません。同行しなければ、多くの企業は商談の内容を事細かに聞くことなどありません。うまくいったか、うまくいかなかったかという結果しかわからず、指導する側も抽象度が高いことしか言えません。
　プルデンシャルもキーエンスも、細かく再現するからこそ商談のイメージが湧いてくる。それがロープレをするうえでも、より具体的な指導をするうえでもきわめて重要なのです。

仕組み化や型づくりは
組織の課題である

　商談の事前報告と事後報告、それに対するアクションは、真似しようと思えばどのような組織でもできます。それほど難易度の高いことではありません。なぜそれが進まないか。おそらく、ただ単に面倒だからではないでしょうか。

　営業マネージャーは、チームのすべての営業パーソンに同じことをやらなければならない。各営業パーソンには1日あたり何件もの商談があるので、全件に対して時間を等分に割くのは、物理的に不可能だ。そう考えてしまうのでしょう。

　重要な案件や、準備不足の案件には時間がかかりますが、各営業パーソンが事前と事後のポイントを理解していれば、それほど多くの時間はかかりません。

　そもそもこういうことは、営業パーソン個人の責任でやればいいという考えもあります。しかし、基本的に人間は弱い生き物です。キーエンスのような絶対的な企業のカルチャーがなければ個人差が生まれ、徹底させるのは難しいでしょう。

**　ポイントとなるのは、これらすべてのことを企業のカルチャーにすることで**

す。事前、事後の外報をやるのは当たり前、それに伴ってロープレをやるのも当たり前。仕組み化、習慣化することで、やらないと気持ちが悪いと思えるまで徹底する。そうすることで、否が応でもやらざるを得ないようにしていくのです。

個々の「内発的動機づけ」だけで取り組んでも、カルチャーにはなりません。企業が仕組みにすることで営業パーソンが習慣化する。そうしてはじめて、カルチャーとして根づくのです。

そのためには、最初は企業による「外発的動機づけ」で進めるしかありません。企業主導で義務化してしまうのです。営業パーソンからすると、おそらくこんな不満が出てくるでしょう。

「なぜそんなことをしなければならないのか」

はじめは不満も仕方がありません。しかし、それによって効果が出ると、営業パーソンは意味があると感じるようになる。そうなると、少しずつ内発的動機に移行していきます。

プルデンシャルは基本給のないフルコミッション制を導入しています。しかし、メンバーたちは近視眼的に見れば自分にメリットがないロープレの相手役を務め、自分の手の内を明かすようなフィードバックを自然と行います。キーエンスのような企業としての縛りがないなかで、当たり前のようにロープレが行われていたことは、振り返ってみるとすごいことだったと感じます。

それが、企業としてのカルチャーです。周囲と協力しながら、みんながハッピーになろうというカルチャーです。自分たちも先輩にお世話になったから、ペイフォワードのように後輩に返すのが当たり前。そのようなカルチャーがつくれているのは、おそらくプルデンシャルならではだと思います。

そうしたカルチャーこそが、個々の営業力を高めるだけでなく、高い水準での成果を担保する前提条件になると私は考えています。時間はかかりますが、安定して成果をあげる組織になるためには、これらの仕組みをつくることは欠かせないことなのです。

第1章 まとめ

☐ 営業職は専門職にもかかわらず、確立された方法論がなく、体系だった教科書も存在しないため、力のバラつきが生まれやすい。

☐ 売れる組織には営業の型に基づいた教育体制がある。

☐ 売れる組織は「売れる営業」をつくるよりも「売れない営業」をつくらないような仕組みを設計している。

☐ 売れる組織では「知る」→「わかる」→「やってみる」→「できる」という４つのステップと身につけるべき「知識」「スキル」「習慣・管理」「心構え」の４つの要素を明確に定め、それに沿った研修を行っている。

☐ キーエンスにもプルデンシャルにも日常的にロープレをする習慣がある。

成果をあげる組織の
基盤となる
カルチャーづくり

プルデンシャルの
カルチャーづくり

　組織のカルチャーが強いプルデンシャルが上手だったのは、**営業にゲーム性をふんだんに取り入れている**点です。

　プルデンシャルは3月決算ですが、多くの企業と同じように、3月は決算に向けてかなり追い込みをかけます。その結果、期が変わった4月に入った瞬間、案件のネタがカラカラになってしまいます。これはよくある話だと思います。

　一方で、企業としてはそれでは困ります。4月こそ通常より多くの成果をあげ、スタートダッシュを決めなければなりません。そこで、**プルデンシャルでは「スタートダッシュキャンペーン」という名目で、営業パーソンを4月から必死に走らせる仕組みを支社ごとに考えて実施していました。**私がいた支社のゲーム設計は、チームで対抗させる形です。支社によってさまざまな形式がありますが、私がいた支社も年々ゲーム性のクオリティが上がっていきました。

　フルコミッションのプルデンシャルで、チーム対抗戦が成り立つのか。そう思われる人もいるでしょう。しかし、人間は個人で戦うよりもチームの連帯感があったほうが頑張れるものです。

　日本のプロ野球、アメリカのメジャーリーグ、ＮＢＡなどは、すべての選手があくまでも個人事業主です。しかし、チームのことを考え、チームとして団結することでより優れた成績を残しています。一匹狼の集団では、チームとしての成果をあげることはできません。

メンバーの士気を高める「チーム戦」の設計

　私がいた支社では、たとえば1件のアポイントを取ると◯ポイント、申し込みを預かったら加算されて◯ポイント、チームのみんながこの1週間で申し込みを預かったら、さらに加算ポイントが◯つくという設計でした。

　「決算が終わったばかりで疲れているんだから、少し休ませてくれよ」

　はじめはそのような低いテンションからスタートします。ところが、気がつけばみんなが本気になっているのです。

　しかも、そのゲームは前の期の終盤から仕込まれています。

　プルデンシャルでは毎年、支社ごとに決算後の打ち上げが行われます。そのとき、くじ引きで席を決めます。なんとなく座って同じテーブルに着いた同僚と会話を交わしますが、突然、運営を取り仕切る管理部門からアナウンスが入ります。

　「いま着いている席が、スタートダッシュキャンペーンのチームになります」

　そこからチームの名前やチームリーダーを決めたりするなかで、少しずつモチベーションを上げさせていきます。

　また、管理部門側からは、アロハシャツを着た「キャンペーン盛り上げ隊」がやって来て、優勝賞品の説明（このときは沖縄旅行でした）をします。そのときにも沖縄の音楽を流し、沖縄に行きたくなるよう盛り上げるのです。みんな、徐々にその気になっていきます。

　いざキャンペーンがスタートすると、作戦会議の場を持たせ、それぞれが手持ちの情報を開示しながら戦略を練っていきます。やがて、自分たち

の戦略だけでなくほかのチームの戦略や成果が気になり始めます。

　それを見越したかのごとく、管理部門は毎週のように進捗状況を発表します。その発表も普通に開示するだけでなく、手を替え品を替え工夫します。たとえば、個人に主体性を持たせるために、チームリーダーだけでなく毎週発表者を変えさせます。各チームの発表に基づいて成績を集計し、ランキングを公開します。

　「今週までのチーム戦1位はチーム○○でした」
　「でも、まだまだ挽回のチャンスはあります！」

　そんなことを繰り返しているうち、後半になるとみんなの頭はキャンペーン一色になっていきます。**チームのために走り回っているうち、好スタートが切れている**。もちろんそれは個人の実績にもなるので、一石三鳥の効果があります。

　先ほど、私はチームはくじ引きで決めるとお話ししました。実は、このくじ引きにもからくりがあります。

　プルデンシャルは常に営業成績のランキングが出る企業です。決算月ともなれば、年間のランキングが発表されます。私のいた支社には50人ほどのライフプランナーがいたので、期が終わった段階で1位から50位までがすべて出そろいます。

　この状態で、純粋なくじ引きをすると、場合によっては上位ばかり、下位ばかりのチームができてしまう恐れがあります。そうなると、チーム対抗戦にはなりません。そこで、仮に5チームで競わせるとしたら、1位から5位まで、6位から10位まで、11位から15位までというような形で分け、そのなかで5チームに分かれるようにグルーピングしています。

　別の年度では、1位から5位までの人が、それ以下の順位の人を指名していくドラフト会議のような形をとったこともありました。それがそのままチームになり、しかも結果的に戦力として均衡することになって、チーム対

抗戦のデッドヒート感まで演出しました。

　起業してから、私は顧客に企業のカルチャーづくりとしてのゲーミフィケーション（ゲーム以外の物事にゲームの要素を取り入れること）の話をすることがあります。しかし、あまりピンときている人はいないように見えます。カルチャーづくりにゲーム性を取り入れている企業は、私の知る限りほとんどありません。

ジャイアントキリング的発想を浸透させる

　加えて、プルデンシャルが上手だったのは「ジャイアントキリング」的な発想を浸透させていたことです。**自分たちが保険業界を改革する旗手になるというコンセプトを強調した**のです。

　プルデンシャルに入社する前の段階で、CIPと呼ばれる面接を兼ねた説明会があります。私のときのCIPでは、まだ入ると決めたわけでもないのに、保険業界の成り立ちから説明が始まりました。そこで強調されていたのは、保険業界が日本生命、第一生命、明治安田生命、住友生命をはじめとする大手生命保険会社を中心に回っているということでした。これらの保険会社は女性の保険外交員をさまざまな企業の担当に割り当て、飴とアンケートを片手に商品の提案を行っていました。当時は丁寧に顧客のニーズを聞き出し、顧客ごとに最適な商品を提案するというよりも、自社の売りたい商品を提案するのが主流でした。まだインターネットも発達していませんでしたから、顧客が自分にとって最適な保険商品を自ら選ぶことはいまより難しかったのです。

　その商品はパッケージ商品といいます。パッケージ商品には顧客にとって必要かどうかわからない特約が含まれていることもあり、特約だけを外すことはできない仕組みになっていました（これはあくまで当時の話です）。このようなことを伝えることで、日本の大手生命保険会社を仮想敵に仕立て上げるのです。

ビジネスにおいて仮想敵をつくるのは、新規参入者にとって王道の方法です。これにより、冒頭の「自分たちが保険業界を改革する旗手になる」というコンセプトがより強化され、内部は団結し、組織としての営業力がパワーアップされるのです。

また、プルデンシャルは1987年に日本法人を設立し、**生命保険の営業職を「ライフプランナー」と呼び、ブランディングを始めました。**ライフプランナーとして商標を登録しているのは、日本ではプルデンシャルとソニー生命だけです。

「ライフプランナーは、生命保険のプロフェッショナルだ！」

プロフェッショナルであるからには、生命保険協会の一般課程試験だけではなく、専門課程試験、応用課程試験、さらにその上の生命保険大学課程試験をクリアしなければなりません。真のプロフェッショナルとして専門知識を持ち、なおかつこれまでのようなパッケージ商品ではなくオーダーメイド商品にすることで、その人に合った商品を提案し、顧客に豊かな生活を送ってもらうことを標榜していました（いまでこそこれはどの保険会社もやっている定番となりましたが、当時はここまでやりきっている会社は少なく、独自性があったのです）。

「生命保険を変える、私たちが変える」

プルデンシャルのキャッチコピーがこうなったのも、その意識が強いためです。当時、役員はプルデンシャルが取り組んでいることをこんな表現で語っていました。

「自分たちがやっているのは、世直しだ」

これらの表現の是非はともかく、入社前からプルデンシャルのカルチャー

を叩き込まれていると、その色に染められます。もちろん、入社してからの1ヶ月の研修でもそれに影響を受けた私は、当時はこんな発言をしていました。

「自分が保険業界を変えなかったら、いったい誰が変えるんだ」

まるで、3歳児が自分はヒーローだと思い込むような感覚です。それほど、プルデンシャルのカルチャーづくりにはすさまじいものがありました。

プルデンシャルやキーエンスのように、カルチャーをつくり、それが社員に浸透している企業が強いのは間違いありません。

とくに扱う商品やサービスがコモディティ化しやすい業種は、営業力が業績に直結しやすいため、長く勝っていくにはカルチャーを育てる必要があります。カルチャーは一朝一夕でつくられるものではありませんが、一度できてしまえばそう簡単に崩れません。だからこそ、カルチャーのある組織は強いのです。

キーエンスの
カルチャーづくり

　同じカルチャーをつくるにしても、キーエンスとプルデンシャルはアプローチが違います。

　キーエンスは、どちらかというと厳格なルールの設定、細かい仕組みや習慣づくりといった色合いが濃い一方で、プルデンシャルは理念や大きな枠組みを重視しています。合理性の追求がそのままカルチャーになっているのがキーエンスだとしたら、理念を掲げて自然にやる気にさせるカルチャーがプルデンシャルです。

仕事ができるのは決められた時間だけ

　キーエンスのカルチャーは、**「合理性を徹底的に追求する」**です。ロープレも、ルールや仕組みの流れのなかでやることを徹底的に叩き込まれます。それが習慣となって、営業パーソンに定着していく流れです。**カルチャーをつくるために特別な施策を実行するのではなく、すべてを合理化・仕組み化することによって、それがそのままカルチャーとして浸透しているのがキーエンスです。**

　ここまでの研修のやり方を読んでいただいてもそれがわかると思いますが、すべてが合理性の徹底追求に基づいているのがキーエンスです。この先読み進めていただくとさらに、その狙いが明らかになってくるでしょう。

　またキーエンスは、始業から終業までの時間以外は基本的に仕事ができないことでも有名です。私がいた当時は8時30分始業で終業は最長で21時45分でしたが、その時間以外は仕事ができません。もちろんパソコンを持ち帰ることもNGです。

　キーエンスのモットーに「公私峻別」があります。文字通り、プライベートと仕事をはっきり分けるという考え方です。休むときはしっかり休み、仕事をするときは仕事だけに集中する。そのため、年に3回用意されている長期休暇も必ず取得できる環境が整っていました。こういったことができるのは、すべての業務が仕組み化されており、属人化が徹底的に排除されているからです。

　強い表現で言えば、「代えの利かない人はいない」ということになるでしょう。すべてが組織のやり方に紐づいており、誰がやっても同じ成果が出るようになっている徹底した合理主義企業、それがキーエンスなのです。

日本トップクラスの高年収企業

　キーエンスは高給なことでも有名です。2024年3月期の有価証券報告書によると、キーエンスの平均年収は2067万円（平均年齢：35.2歳）だそうです。

　このような高い年収を実現できるのは、常に安定して高い利益を上げられているからにほかなりません。それを支えているのが、売れない営業パーソンをつくらない徹底した仕組み化なのです。

　一方で、キーエンスを語るときは、「20代で1000万円超え、30代で家が建ち、40代で墓が建つ」というフレーズがよく出ていました。「高い年収」

が「激務」に紐づけられ、キーエンス＝ブラック企業のようなイメージが先行したのでしょう。しかし実際には、離職率は世間一般レベルかそれよりも低い水準です。

　もちろん、求められる仕事の水準は高く、勤務時間中はこなさなければならない仕事が多いことに間違いはありません。ただ、それを達成できる仕組みは組織が整えてくれているのです。

　また、高い年収を実現できるというのは、それだけで人材を惹きつける強い要素になります。転職しようにもキーエンスよりも良い条件の企業はほとんどないため、辞めて他社に行こうという発想もなくなり、社員は定着します。**人は辞めない、人が集まる。すべての要素が見事に合わさって強固な組織をつくりあげているのです。**

　自分の属する組織やチームは、プルデンシャル流とキーエンス流のどちらが向いているでしょうか？　どちらか一方というわけではなく、良いとこ取りをする、真似できそうなことから取り入れてみるのでもいいでしょう。
　このように、同じようにカルチャーの強い企業でも、構築の仕方がまったく異なるので、その企業にとって合う方法で取り組むべきです。いずれにせよ共通して言えることですが、**カルチャーは一朝一夕では構築されません。**組織として進むべき道を掲げ、どうすればそれが実現できるかを考え、そのための方法を選択する。それを続けていくことではじめて、組織としてのカルチャーはつくられていきます。

　カルチャーは個人の自主性に任せていてもつくられません。営業の型をつくるには、内発的動機ではなく外発的動機から始めるのが早くて効果的であることと似ています。そのためにもまずは組織のリーダーが主導して、カルチャーをつくるための方法を考えて実行することが重要です。

プルデンシャルと
キーエンスの教え合う文化

　プルデンシャルはフルコミッションのため、極論すれば自分さえ良ければいいという利己主義的な発想が生まれる可能性があります。しかし、プルデンシャルには「助け合うカルチャー」が根づいていました。

　先輩が後輩に対して、ボランティアでセミナーや勉強会をしてくれるのは当たり前のことでした。報酬を得る機会をあきらめ、貴重な時間を使うのですから、助け合いの精神がなければ引き受けてくれるわけがありません。その話を聞いて育った身としては、後輩に対するセミナーや勉強会を求められれば、私も喜んで引き受けていました。

　先ほどからお話ししているように、一文の得にもならないロープレの相手を引き受けてくれるのも、助け合いのカルチャーの賜物です。これは、プルデンシャルだけでなく、キーエンスにもあるカルチャーです。

　この2社が高い成果をあげている理由のひとつが、企業のカルチャーにあるのは間違いありません。たしかなことは、**みんなで協力するカルチャーをつくらなければ、個人の資質だけに任せても限界がある**ということです。

　同じベクトルのカルチャーとして、プルデンシャルにもキーエンスにもある

のが、惜しみなく教え合うカルチャーです。

　こういったカルチャーがない組織では、自分の存在価値や地位を保持しようと、知識やノウハウを「囲い込む」傾向が見られます。その直接の要因は、評価制度が「相対評価」だからです。成果をあげている人の知識やノウハウを、成果をあげていない人に教えることで、万が一自分を超えるような成果をあげられてしまったら、自分の評価が下がりかねません。売れる営業は、それを恐れて情報を囲い込んでしまいます。

　そのうえ、その組織における売れる営業は、売れない営業から過度に「神格化」される傾向があります。売れない営業にとっては、神のような存在に対して恐れ多くて気軽にアドバイスを求めに行けないという心理が強く働きます。あるいは「こんなことも知らないの」と蔑まれることを恐れ、萎縮する傾向も見られます。

　売れる営業、売れない営業のそれぞれの思惑によって、思わしくないカルチャーにまで発展します。しかしそれは、組織のトップやマネジメント層からすると、喜ばしいことではありません。

知識や情報の囲い込みをしない制度づくり

　教え合うことをKPIや評価制度に組み込むのもひとつの方法です。企業が大事にする考え方や姿勢を表現したものがカルチャーなので、それを評価制度と結びつけるのはもっとも手っ取り早い手段です。

　プルデンシャルの場合はフルコミッションのため、そもそも相対評価ではなく「絶対評価」です。情けは人のためならずと言われるように、教え合うことはいずれ自分の成果にもはね返ってきます。自分だけでなく、みんなで成果をあげればいいと素直に思えます。

　キーエンスには、企業全体の利益が自分たちの給与に還元される仕組みがあります。給与の制度設計上、企業の利益の一定割合がボーナスに

還元されると決まっているのです。企業が儲かれば、営業パーソン全体に回せる人件費が多くなる。それによって、みんなでハッピーになる。

「だからみんなで頑張ろうぜ」

そうした発想が自然と生まれるのです。仮に自分の部署が絶不調だったとしても、ほかの部署が助けてくれたら感謝の気持ちが生まれます。次は、自分たちがほかの部署を助けようという気持ちにもなるでしょう。

キーエンスには自分が良いと思った知識やノウハウ、情報を、加工することなく、囲い込むこともせず、社内のメーリングリストにすぐに発信するという素晴らしいカルチャーがあります。在籍した2年半の間、毎日のように誰かが発信した良い気づきが流れてきたと記憶しています。それほど、日常的に教え合うカルチャーが定着していたのです。

これらのことを評価制度や金銭的な見返りと関連づけると、カルチャーが崩壊してしまうリスクもあります。しかし、「利他の精神」が定着するまでの暫定的な方法として、KPIや評価制度に組み込むことには一考の余地があるかもしれません。

利他の精神を組織に根づかせた プルデンシャルの手法

営業という職種にとって、利他の精神はきわめて重要な心構えです。そもそも営業の基本的な立ち位置は、顧客の課題解決に寄与することです。**顧客の課題解決は、利己的な心構えでは到底実現することは不可能です。**

何度もお話ししているように、プルデンシャルにはペイフォワード的な「教えられたから、教えていく」カルチャーがあります。

ボランティアの機会を多数用意

その一環として、プルデンシャルでは数々のセミナーや研修会が催されています。その講師を頼まれるのは、エグゼクティブ・ライフプランナーをはじめとする売れる営業です。彼らは、講師を受諾するときに、決して報酬を要求しません。ボランティアの手弁当です。

たとえば、生命保険業界には「JAIFA（公益社団法人生命保険ファイナンシャルアドバイザー協会）」という組織があります。ここには「JAIFA日本会」という大きな組織から、「JAIFAプルデンシャル会」「JAIFAソニー生命会」など、企業ごとの分科会のような組織もあります。

JAIFAプルデンシャル会は、関西ブロック、中部ブロック、関東ブロックなどに分かれており、プルデンシャルの営業パーソンの約9割がこの組織に加入しています。それぞれの組織ごとに、手弁当でセミナーや研修会を企画していますが、それらはすべてボランティアです。

ほかにも、JAIFAのイベントで震災復興のボランティアが企画されることもあります。毎年各支社ごとに、その年のボランティア活動の内容を宣言するなど、プルデンシャルには利他の精神を養うイベントが数多く企画されているのです。

なぜこれほどまでにプルデンシャルがボランティアを重視するのか、当初はよくわかりませんでした。

しかし、プルデンシャルは「家族愛・人間愛」を標榜しています。そのひとつの体現として利他の精神を持ち、ボランティア活動をするのは当たり前という意識とともに、それを行動と結びつけているのです。

カルチャーは、明文化されているだけでは浸透しません。 プルデンシャルは、カルチャーを浸透させるためにあらゆる手段を講じているのです。

週2回のミーティング時の演出

　プルデンシャルの演出がうまかったのは、ミーティングにも表れていました。**プルデンシャルでは週に2回のミーティングが行われますが、始まる前に必ず「オープニングムービー」が流されます。よりオフィシャルなミーティングでは、それに加えて「クロージングムービー」も流されます。**この演出は、カルチャーの浸透には意外とあなどれないものです。

　月曜日の朝9時にミーティングを始めるとしたら、普通の企業は社長や組織のトップが出てきて訓示からスタートします。一方、プルデンシャルはオープニングムービーから始まります。ムービーの中身は、簡単に言えばテンションとモチベーションを高める内容です。たとえば、過去の偉人たちが残した名言、プルデンシャルの偉人たちが残した言葉、年間チャンピオンがスピーチしたときの発言などが流れ、いやが上にも気持ちが上がります。

　クロージングムービーでよく流れていたのは、イラク戦争後に米兵が帰還し、家族にサプライズで会いに行ったときの様子を記録したものでした。

　プルデンシャルは家族愛・人間愛をうたっています。その映像を見ると、自然とより多くの人に家族愛・人間愛を届けなければならないと改めて決意させられるのです。

　私も、オープニングムービーやクロージングムービーを見て「やるぞ！」という気になっていました。いま振り返ってみても、プルデンシャルの演出はカルチャーの浸透と体現に非常に効果的だったと感じられます。

プルデンシャルのコアバリュー

　キーエンスもプルデンシャルも、会社のミッション・ビジョン・バリューの打ち出し方と浸透のさせ方は徹底していました。

　プルデンシャルの場合、1992年に創業者の坂口陽史氏が導入した「コアバリュー」と呼ばれる4つの行動規範があります。

信頼に値すること

顧客に焦点をあわせること

お互いに尊敬しあうこと

勝つこと

　これを即座に言えなければ、社内で「非国民」と言われるほどの徹底ぶりでした。

　しかも、ただ覚えさせるだけでなく、浸透、定着させるための演出も同時に考えられていました。具体的にどのような方法で浸透、定着が行われていたのでしょうか。

　入社時の研修でコアバリューの考え方を教えられるのはもちろん、ライフプランナーとして独り立ちしたあとも、事あるごとに確認を求められます。

週に2回行われる支社ミーティングでは、話の端々にコアバリューが出てきます。その席で、支社長からも名指しで答えるよう促されます。

「○○さん、コアバリューを答えてもらえますか?」

さらに、毎年の期初に、一人ひとりにコアバリューシートが渡されます。そこには4つのコアバリューが記載されていて、それに対して個人でやるべきことを書くのです。

私は「信頼に値すること」で具体的に何を意識するのか
私は「顧客に焦点をあわせること」で具体的に何をやるのか
私は「お互いに尊敬しあうこと」で具体的に何を実行するか
私は「勝つこと」で具体的に何を目標にするのか

それを常に自分のデスクのよく見えるところに置いているので、嫌でもコアバリューに対して意識せざるを得ない環境が整えられます。

それだけではありません。日常的に、コアバリュー推進の名目で「コアバリューレター」を送り合います。4つのコアバリューのどれかに該当する行動を取った人がいたら、その人に向けてコアバリューレターを送るのです。レターは支社長経由で送られるので、支社にコアバリューレターが届いたら、支社長は支社ミーティングのときに発表します。

そして、1年間の活動で、支社のなかでもっともコアバリューを体現していたのは誰か、それを投票するイベントが行われます。これを「コアバリュー表彰」といい、全社コアバリュー表彰、支社コアバリュー表彰、私が選ぶMy担当ライフプランナーなど、さまざまな形で表彰されます。

表彰時には、改めてコアバリューレターが読み上げられ、それが本人に渡されます。レターの数が少ない順に名前を呼ばれ、1位の人は最後に発表されます。

「今年のコアバリュー表彰の1位は○○さんでした。○○さんには、20人からコアバリューレターが届いています。おめでとうございます」

そんな演出をするので、コアバリュー表彰で1位に選ばれるのは大変な名誉という感覚が刷り込まれます。これが全社コアバリュー表彰になると、さらに大々的に発表されます。

　全社コアバリュー表彰に該当するのは、支社の垣根を越えてコアバリューを体現した人です。支社の垣根を越えて勉強会を開いてくれるなど、知識やスキルを囲い込むことなく、自ら働きかけて伝えていった人だけが選ばれます。

　コアバリュー表彰には、売り上げはまったく関係ありません。あくまでも4つのコアバリューの視点だけです。なかには、コアバリュー表彰を受けることをモチベーションに頑張っているライフプランナーもいました。

　全社コアバリュー表彰を受けた人は、支社内にパネルが飾られるほどです。そのため、コアバリューは体現して当たり前という雰囲気が定着していました。そういう仕掛けも、プルデンシャルのカルチャーづくりが上手だった点です。

キーエンスのコアバリュー

キーエンスでも、コアバリューと理念の定着が行われていました。

最小の資本と人で、最大の付加価値を上げる
本質的に考えて、判断する
任せることで、人は育つ

この3つが「キーエンスの考え方」として重視されています。
ほかにも、キーエンスには「Keyプロ」と呼ばれる行動指針があり、そこには「プロの前提条件」と「プロの必須条件」が書かれています。

プロの前提条件

○ 高い業績を上げる強い意欲と情熱を持っているか。
○ 自分の強みと課題を意識しているか。

プロの必須条件

1 売上と経費削減につながる企画が出せているか。
2 最小の時間と費用で進めることを常に意識しているか。

3 判断は経済原則と市場原理に基づいているか。

4 当事者意識を持って、気づきを発信できているか。

5 自分の意見・考えを持って、報・連・相できているか。

6 因果関係〝なぜ〟をはっきりさせているか。

7 大事な事柄に関して十分浸透させているか。

8 満足な結果が出せているか。

プルデンシャルほどではなかったものの、キーエンスでもプロの必須条件や目標、目的、問題意識は、毎日朝礼などで聞かれます。これらは朝礼でも日常会話でもよく出てくるので、自然と浸透し、定着していました。キーエンスの営業パーソンは、これらを一言一句覚えています。覚えているだけでなく、日々の活動で常に意識しています。

3つの「キーエンスの考え方」も、「Keyプロ」も、キーエンス独特の考え方ではありません。一読すれば、特殊ではないことがわかります。

3つの「キーエンスの考え方」と「Keyプロ」をほかの企業にそのまま移植しても、同じように成立するはずです。ただ、同じようにできるかどうかはなかなかわかりません。**どこまでそれを徹底して突き詰めているか。それによって営業パーソンの思考と行動は大きく変わってしまう。**それがカルチャーというものです。

キーエンスが重視する「当たり前のことを当たり前に実践する」という考えを徹底させることがキーエンスのカルチャーであり、キーエンスのすごいところです。キーエンスの代名詞となっている「合理主義」も、3つの「キーエンスの考え方」と「Keyプロ」をひたすら愚直にやり続けた結果です。

その企業がどのようなことを社員に浸透させたいか。そこからすべてが始まります。たとえば、キーエンスの「Keyプロ」は当然ながらオフィスのなかに掲示されていますし、朝礼でも確認されます。外報のときも、常に目標意識、目的意識、問題意識を問われます。重要と考えているからこそ、しつこいほど浸透させるための仕掛けを打っておくのです。

行動指針を徹底させれば、結果につながる。キーエンスという組織には
そのような信念があります。それが合理的・効率的な営業活動であり、高
確率で成約するエビデンスになるのです。信じて徹底してきたからこそ、現
在のキーエンスがあるということです。

　プルデンシャルとキーエンスのコアバリューを見てきましたが、プルデン
シャルと比べるとキーエンスには情緒的なものがいっさいありません。直接
的で、鋭利な印象です。そこが社風に如実に表れてくるもので、それこそ
がカルチャーなのでしょう。

カルチャーの
浸透と定着方法

　どの企業も、カルチャーを掲げることぐらいはやっているかもしれません。広報戦略として取り組むのが常識で、上場していればIRとして行うことも必須です。ところが、それが**行動指針としてブレイクダウンされていないうえ、その確認が日々行われていないことが、浸透・定着しない要因である**のは間違いありません。

　カルチャーを決めるのは、創業者をはじめとする企業のトップです。一般的に、その想いはメンバーに下りていくときに伝言ゲームになっていきます。重要なことは、管理職に限らずすべてのメンバーにとってそのカルチャーがどれだけ腑に落ちているかです。キーエンスでもプルデンシャルでも、みんなが腑に落ちているからこそ、日常会話に出てくるほど浸透しているのです。結局、トップ層の想いを落とし込む作業をしなければ、浸透も定着もしません。

　腑に落ちても、勝手に日常化するわけではありません。浸透させるための施策や演出は欠かせません。キーエンスやプルデンシャルでは、その施策や演出が手を替え品を替え行われています。また、方法だけでなく、頻度も大切です。

カルチャーの浸透と定着に重要な 飴と鞭の使い分け

キーエンスとプルデンシャルにおいて特筆すべきは、飴と鞭の使い分けです。

キーエンスでは、常にカルチャーを再現する姿勢が求められます。何の目的も持たずに商談に行こうとすれば、鞭を振るわれるのです。

プルデンシャルの場合は、鞭はありません。その代わり、数々の飴玉がぶら下げられています。大々的に表彰されれば、それをやることが良いことだと見えるので、誰もがそれを目指すべきだという意識にさせられます。

営業パーソンは、本質的には負けず嫌いです。自分が選ばれずに他人が選ばれたら、次は自分が選ばれたいと思うものです。そうすると、それまで以上に能動的にカルチャーを体現しようとします。そのための飴であり、そのための鞭です。鞭という表現はネガティブに聞こえてしまいますが、自分に足りないことに気づくきっかけにもなります。

プルデンシャルのコアバリュー表彰などは、非常にわかりやすい演出です。ある特定の人ばかりが推薦されることで、推薦されない人は自己嫌悪に陥ります。私も、選ばれなかった時期があるので、かなり切なくなってしまった記憶があります。

「いくら成果（数字）をあげても、私はダメなんじゃないか」

そう思わされてしまうのです。

実際、プルデンシャルでは数字を上げているから尊敬される文化もあれば、一方でコアバリュー表彰を受けているから尊敬される文化もあります。

もっとも尊敬を集めるのは、数字を上げながらコアバリューも体現している人です。すでに触れたMDRTには「MDRTプルデンシャル会」といった組織があり、その会長や理事になれるのは、数字とコアバリューの両面

で優れている人だけです。こうしたカルチャーが根づいているので、両方を目指そうというモチベーションが働きます。

そのような演出をしても、一部の人だけが目指して、残りの大半が冷めた目で遠くから眺めているようでは、カルチャーは根づきません。組織全体で働きかけることによって、全員がカルチャーの体現を意識し、強い組織になっていくのです。

カルチャーの浸透と定着のための人材の採用

もちろん、万人に合うカルチャーは存在しません。キーエンスもプルデンシャルも、自社に入ってほしい人、活躍してほしい人がのめり込むようなカルチャーを考え、浸透、定着させるように仕向けています。それを設計する力が、カルチャーが浸透していない企業は弱いか、あるいは設計しようとしていないのです。

本来は、本腰を入れてやる必要があるはずです。人材の採用にも関わる事柄だからです。どのような人材を集めるかは、企業のカルチャーに依存するところが大きいのです。

私がキーエンスに在籍した間、キーエンスを離職する人はあまり見ませんでしたが、辞める人は基本的に2パターンです。

勤続年数が短いうちに辞める人は、そもそもキーエンスのカルチャーに合わない人。もうひとつのパターンは、私のように次のキャリアアップを目指す人です。

総じて、カルチャーに合わずに辞めていく人たちの率のほうが低いと言われています。それはカルチャーと個人の感覚にミスマッチが生まれていない証拠です。

そういう人を集められるのは、新卒を採用する段階で異なる種類の適性検査を複数回行い、キーエンスのカルチャーを体現できそうな人を見抜いているからです。

キーエンスにふさわしいのは「負けず嫌い」「素直」「ルールを遵守する姿勢」を備えた人材です。その資質を見抜くには、一度の適性検査では足りません。

また、キーエンスは採用時に学歴を見ません。志望動機や、自己PRも求めません。営業としての素質があり、「負けず嫌い」で「素直」で「ルールを遵守する姿勢」があるかどうか。そこが問われます。

実際、私の同期にもいろいろな人がいました。学問に秀でた東京大学出身者、キックボクシングの日本チャンピオン、水泳でジュニアオリンピックに出場したアスリート、世界50ヶ国を放浪してきた旅人など、その道で何かを極めた人が数多くいました。もちろん、自分こそがナンバーワンになるという自信満々な人たちなので、考え方も多様でしたが、キーエンスのカルチャーに合うかどうかが、採用時にはもっとも重要視されていたのです。

カルチャーさえあれば
営業力の強い組織になれるのか?

こうしたカルチャーをつくれば、営業力が強化され、成果があがるのでしょうか。

企業のカルチャーには、企業が理想とする思考や行動指針が表現されています。それが営業組織に落とし込まれれば、成果をあげるための行動指針もおのずと定められてくるはずです。それを徹底し、普段の思考や行動に落とし込むことで、成果はあがってくると考えられます。

それに加えて、**カルチャーづくりは営業パーソンを辞めさせないためにも重要です。**

経営層やマネージャーの視点からすると、せっかく営業パーソンとして育てたのに、他社に移られては損失です。カルチャーをうまく根づかせることによって、それに合った人たちがいかに自社に対してロイヤルティを持ってく

れるか、いかに長く続けてもらえるか。いま自分が所属している企業が最高だと思ってもらい、ひたすら営業に没頭してもらう。それが辞めさせない要因になります。

　成果をあげられる組織にするために、徹底的に仕組み化することと、組織のカルチャーを強くすることは、ストレートにリンクしているわけではありません。**企業が自信を持って営業の型をつくり、その型通りにやってもらうことで、売れない営業を減らすことができる。そうした仕組みをつくったうえで、企業としての魅力的なカルチャーを構築し、誰もがそこで働きたい、入ったからにはそこにいたいと思わせる。その二重のエッセンスによって、トータルで見ると高い営業力のある組織になれるのです。**

　成果をあげる組織は、営業パーソンが自社を好きになっています。
　自分の所属する企業が好きだから、自社が提供しているメニューを信じて一生懸命営業する。営業の型と組織のカルチャーが両面で充実している企業は、最強の営業力を持てるはずなのです。

第2章 まとめ

- ☐ 売れる組織には、それぞれのカルチャーがある。

- ☐ カルチャーは自然発生的に醸成されるものではない。

- ☐ カルチャーには論理（合理）を起点につくるキーエンス型と、感情を起点につくるプルデンシャル型がある。

- ☐ リーダーが「どのような組織であるべきか」を明示し、それに応じた施策を打ち、愚直にやり続けることではじめてカルチャーはつくられる。

- ☐ プルデンシャルはフルコミッションという制度に加えて、社員のモチベーションを高める演出を用意することで、組織として成果をあげることと、カルチャーの醸成を同時に実現している。

- ☐ 人材の採用はカルチャーに合うか合わないか。キーエンスはそれを徹底している。

- ☐ プルデンシャルにもキーエンスにも、メンバー同士で助け合うカルチャーが存在している。

成果を
あげ続けるための
営業の原理原則
【知識編】

営業には「あり方」と「やり方」がある

　さて、ここまでは組織的な話を中心にしてきました。この章からは、営業パーソンが個人でできることを解説していきます。

　第1章で営業にとっての重要な4つの要素について書きました。覚えているでしょうか？

　それは、**知識、スキル、習慣・管理、心構え**です。

　私の使命は、「営業の道しるべをつくる」ことです。Sales Naviを創業し、そのビジョンを実現するためにあらゆることを考えてきました。

　負のサイクルに陥る営業パーソンをなくしたい。
　売れる営業をつくるのではなく、売れない営業をつくらない。

　私はこうしたコンセプトにたどり着き、営業で成果をあげるために必要な要素の洗い出しを行いました。

　これらの要素を絞りに絞って集約し、さまざまな観点から整理した結果、4つの要素に分類できることに気づきました。

　それが知識、スキル、習慣・管理、心構えという4つの要素なのです

図10　営業にとって重要な要素とそこから導き出した最重要な4要素

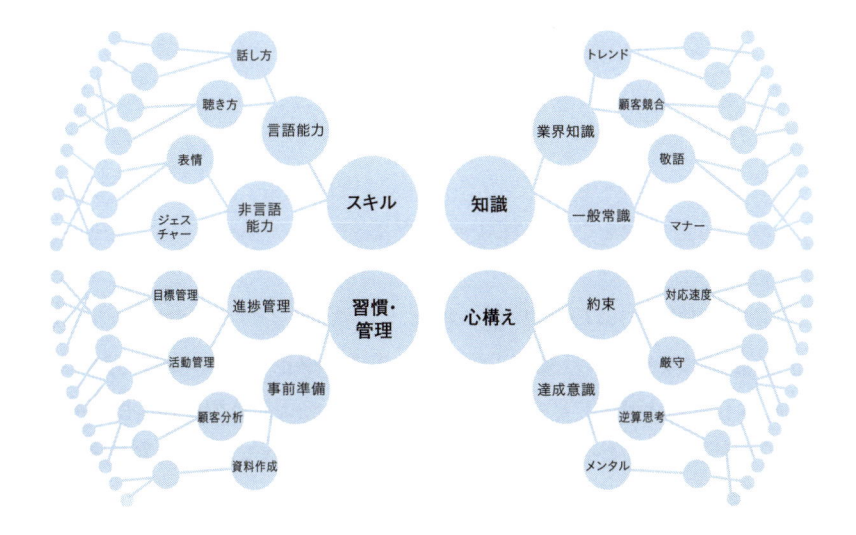

（図10）。

　この4つの要素を見て、みなさんはどう思ったでしょうか？

　おそらく「普通」だと感じたのではないでしょうか？

　しかし言われてみると普通のことでも、意外とこれらの要素が重要なことにみんな気づけていない、もしくはうっすら気づいてはいても、実践に落とし込んでいく方法を知らない人がほとんどです。

　ここで重要なのは、4つの要素を徹底的に自分のものにしようとする姿勢です。そして、それを実際の行動に落とし込めるかどうかです。いきなりすべてを覚えられる人はいませんし、どんなに成果をあげている営業パーソンでもすべてを完璧に身につけている人はそういません。ぜひ本書をきっかけに身につけてほしいと思います。

あり方という土台の上にやり方を加えていく

　まずはこの4つの要素を起点に、営業に関する知の体系化を図っていくことが重要です。4つの要素の全体イメージは、図11の通りです。

　営業の要素は量×質で決まります。量は行動量のことで、具体例は訪問件数や架電件数を指し、質は受注率などのパーセンテージで表せるものです。

　さらに掘り下げていくと、**営業の質は、営業としての「やり方」と「あり方」に分かれます。やり方が「知識」と「スキル」であり、あり方が「習慣・管理」と「心構え」です。一般的には即効性のあるやり方に目が向きがちですが、それだと小手先だけの営業になってしまい、長く活躍できません。実際には、ピラミッドの土台にあるあり方を身につけながら、やり方を取り入れていく。あり方という土台がしっかりしていればしているほど、そ**

図11　営業成果をあげるためのピラミッド構造

「あり方」という土台を固めながら「やり方」を磨く

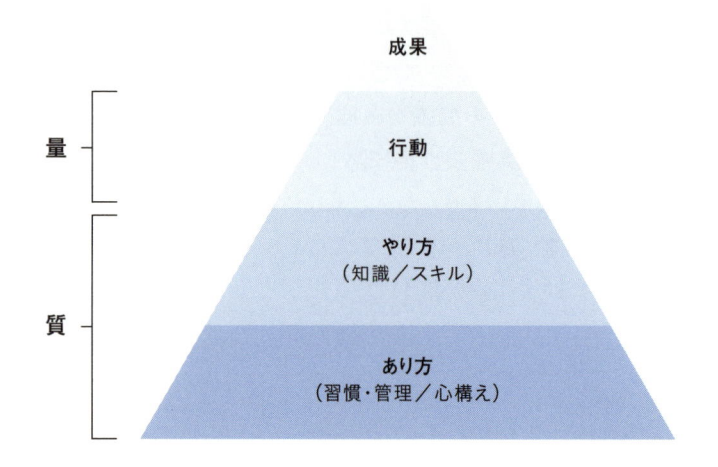

の上にある知識・スキルは生きてきます。売れる営業は常にあり方を重視しながら、日々やり方をアップデートしています。

　そのうえで、「知る」「わかる」「やってみる」「できる」の４つのステップを掛け合わせ、各要素ごとに実際に営業に生かすためのエッセンスを確立したのが、第１章でも掲載した図12です。

　ただし、あり方はすぐに身につくものではなく、日々の積み重ねで身につくものです。そのため、本書ではある程度即効性のある知識とスキルの身につけ方を先に説明し、その後に習慣・管理、心構えという構成にしました。

　「はじめに」でも書きましたが、本書を読んでいる人たちのなかでも課題はそれぞれだと思います。知識やスキルはある程度身についていると思う人であれば習慣・管理編や心構え編から読んでいただいても構いませんし、すぐに使えるスキルが知りたいという人であればスキル編から読むなど、それぞれの状況に合わせた読み方をしてください。

図12　成果をあげるためのステップと要素

	ステップ1 知る	ステップ2 わかる	ステップ3 やってみる	ステップ4 できる
知識	**必要な知識を知る** ・営業知識 ・業界知識 ・商品知識 ・競合知識	**知識を理解する** ・営業の役割とは ・営業に求められる能力 ・顧客がされたい営業とは	**テストで測る** ・知識の習得度をテストで確認する	
スキル	**必要なスキルを知る** ・信頼関係構築スキル ・ヒアリングスキル ・提案スキル ・クロージングスキル	**スキルを理解する** ・商談プロセス ・顕在ニーズと潜在ニーズ ・トークスクリプト ・応酬話法	**ロープレ（練習）をする** ・最適なトークスクリプトを自ら考え、ロープレを実践する	営業活動で実践できる「知識」「スキル」「習慣・管理」「心構え」を営業現場で発揮できる
習慣・管理	**必要な習慣・管理を知る** ・目標管理 ・行動管理 ・案件管理	**習慣・管理を理解する** ・KGI／KPI ・PDCA ・スケジュール管理	**決めた習慣・管理を継続する** ・三日坊主にならないよう自らを律し、管理する	
心構え	**必要な心構えを知る** ・成長マインド ・達成マインド ・顧客マインド	**心構えを理解する** ・営業としてのあり方 ・自責思考と他責思考 ・3つの自信	**心構えを磨く** ・心構えを磨き、顧客から頼られる存在になる	

知識 ①
営業とは顧客の
課題解決である

みなさんは、営業の役割はどこにあると思いますか。

「自社の商品・サービスを販売することです」

この質問に、そんな答えをする人がたくさんいます。営業に関する教育を受けてきた人はほぼいないので、そう勘違いしている人は数えきれません。

営業の本質的な役割は**「顧客の課題を解決する」**ことです。課題が解決されるからこそ、あなたが提案する商品やサービスは購入してもらえるのです。

良い営業と悪い営業
〜ニーズセールスとリードセールス〜

前提として、良い営業と悪い営業について考えてみましょう。

自分が顧客の立場になったときの実体験を、次の３つの視点で思い出してみてください。

- どんな商品・サービスの営業だったか
- どんな営業の流れだったか

○ どんなところが良かったか

さて、どんな営業が思い浮かんだでしょうか。

結論から書くと、良い営業はニーズセールス、悪い営業はリードセールスです。

ニーズセールスとは、顧客の心境に寄り添い、顧客の要望を的確に把握したうえで解決策を提示することを指します。顧客は売り手のために契約をするわけではありません。サービスに価値を感じたら、自ら動いて購入するのです。一方のリードセールスとは、契約が欲しいためについ売り込むような、売り手側がリードする姿勢になってしまっている状態の営業です。

4つの営業スタイル

良い営業＝ニーズセールスと、悪い営業＝リードセールスの違いは把握できたと思いますが、そもそも営業には次の4つのスタイルがあることをご存じでしょうか。

○ 御用聞き型営業
○ プロダクト営業（商品提案型）
○ ソリューション営業（課題解決型）
○ インサイト営業（示唆型）

これらはどれが良いとか悪いとかではなく、それぞれのスタイルによって営業時のポイントや営業として求められる能力が変わってくることを押さえてください。また、それぞれの業界や会社によっても、営業時のポイントや営業に求められるスタイルが変化します。

まず、御用聞き型は、定期的に顧客の要望を聞き、顧客から求められ

たことに対して素早く対応する営業スタイルです。御用聞き型のポイントは顧客との信頼関係の構築で、このスタイルの営業に求められる能力は、人間力や迅速で正確な対応力です。具体的にはフットワークの軽さや愛嬌が求められます。既存顧客に対するルートセールスで成果をあげているのはこのタイプが多いと言えるでしょう。

次のプロダクト営業（商品提案型）は、自社の商品・サービスが競合他社より優れている点を訴求し、商品の使い方を提案する営業スタイルです。競合他社と比較して自社を選んでもらえるかどうかが鍵になるので、プロダクト営業では、競合他社との違いを理解し、自社商品の魅力を的確に伝えるプレゼンテーション力がもっとも求められます。独自性の高い商品やサービスを扱う企業ほど、この営業スタイルが強みを発揮しやすい傾向にあります。

先述した、営業パーソン自ら顧客に働きかけて商品・サービスの必要性を感じてもらい購入につなげるタイプの営業スタイルを、世間では**「ソリューション営業」**や**「インサイト営業」**と呼んでいます。

ソリューション営業は、「顧客の抱えている課題に対して、商品・サービスでの解決策を提示」する営業スタイルです。課題解決型営業とも言われますが、顧客の「顕在化しているニーズや課題の特定」がポイントです。営業には、顧客の抱えている課題を特定する力が求められるため、顧客分析力や顧客への質問力が必要とされます。

最後のインサイト営業は**「顧客がまだ気づいていないニーズや課題を発見して、解決策を提示」**する営業スタイルです。「顧客の潜在ニーズ・課題の発掘」をするためには、業界知識や課題発見力が必要で、「業界動向を把握して未来を見据えた顧客のなりたい姿をコーチングしたり、コンサルティングしたりする能力」が求められます。無形商材で競合との差別化が難

しいような金融業界や人材業界などで成果をあげられるのは、このスタイルです。

キーエンスは「プロダクト営業」中心で、一部「インサイト営業」のスタイルであり、プルデンシャルは、完全に「インサイト営業」のスタイルです。

世の中の営業パーソンが営業スタイルには4種類あること、またその意味を理解しているかどうかはともかく、「顧客の課題を解決する」営業は間違いなく消えません。

ただ、間もなくAIがソリューション営業やインサイト営業まで始める時代が来るでしょう。それでも、私は人間の営業職が存在する価値はあると思っています。すべての仕事のなかで、営業職は人間が担うべきジャンルだと思っているほどです。

それは、いくらAIが合理的な判断やアドバイスをしてくれたとしても、**人間には、何かに迷ったときに信頼できる人に相談に乗ってもらいたいという感情や、温かみのあるコミュニケーションを通じて決めたいという感情があり、それは今後もなくならないからです。**

潜在ニーズと顕在ニーズ

とはいえ、何事にも難度が存在し、難度の低いものから技術に取って代わられるのは歴史が証明しています。**結論から言えば、4つの営業スタイルのうち、より一層求められるのはインサイト営業です。**

顧客のニーズは顕在ニーズと潜在ニーズに分かれますが、顧客の顕在化していない潜在ニーズを見つけ出し、解決できるかが重要なのです。大きな成果をあげている、売れる営業と呼ばれる営業パーソンたちは、顧客の潜在ニーズを見つけ出し、それを解決することに集中しています。

顕在化しているニーズの場合、顧客自身が課題に気づいているわけですから、自らその課題を解決できる商品やサービスを探し、検討している

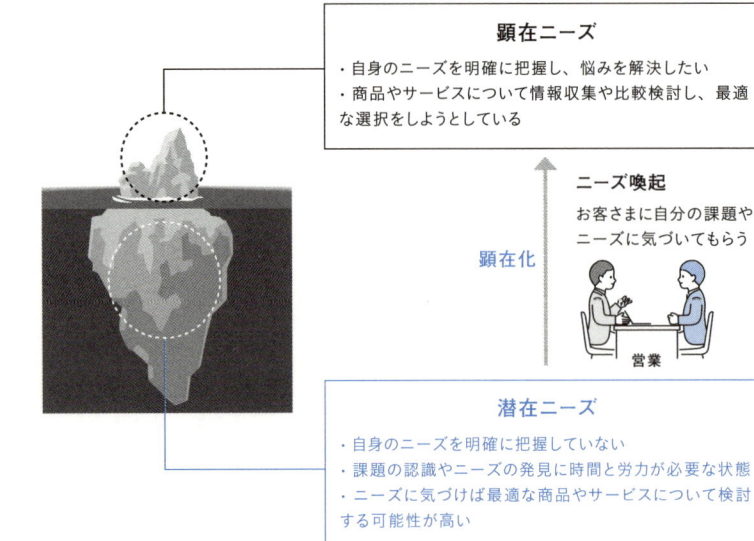

図13 潜在ニーズと顕在ニーズ

顕在ニーズ
・自身のニーズを明確に把握し、悩みを解決したい
・商品やサービスについて情報収集や比較検討し、最適な選択をしようとしている

顕在化

ニーズ喚起
お客さまに自分の課題やニーズに気づいてもらう

営業

潜在ニーズ
・自身のニーズを明確に把握していない
・課題の認識やニーズの発見に時間と労力が必要な状態
・ニーズに気づけば最適な商品やサービスについて検討する可能性が高い

ことがほとんどです。たとえば「いまの課題を教えてください」と聞いてすぐに答えられる課題は、すでに顕在化している課題と言えるでしょう。

　それに対して潜在ニーズは、顧客がその課題に明確には気づいていません。そのため、何かのきっかけで気づくことが多いのですが、それに気づいてもらうことが営業の役割でもあります。これを**ニーズ喚起**と呼びます。顧客から「その課題を感じていました！」と言われたら話は早いですが、そうでない顧客に営業をするから難しいのです。

　図13でわかるように、潜在ニーズのほうが大きな割合を占めており、営業としては、この潜在ニーズをいかに顕在化させていくかが成果を分ける大きな鍵になってきます。
　成果をあげている営業パーソンの共通点は、ニーズが顕在化している顧客への対応がうまいのはもちろんですが、まだニーズが潜在化している顧

客へのニーズ喚起がうまい傾向にあります。

　顧客からしても隠れた課題の解決につながれば、満足度も高くなるのです。

正しいことを伝えても、ニーズは喚起されない

　では、どのようにニーズを喚起すればいいのでしょうか。営業が正しいと思っていることを直接的に伝えても、残念ながらニーズは喚起されません。人は人から言われても素直に認めることが難しいのです。

　そこで、顧客に興味を持ってもらうためには、ヒアリングを意識することで顧客自身が潜在化していたニーズに気づくよう導くことが大切です。

　たとえば、身近なシーンとして、アパレルショップの事例を見てみましょう。

シーン①

店員　「いらっしゃいませ！　こちらのジャケットは、今季の最新モデルでとても人気があります。いまの季節にぴったりですし、お客さまにお似合いですよ」

顧客　「そうですか……（自分には合わないかな）」

店員　「良かったら、一度試着してみませんか？」

顧客　「ああ、大丈夫です。遠慮しておきます」

シーン②

店員　「いらっしゃいませ！　本日は何かお探しですか？」

顧客　「とくに探してないんですが、何か良いものがあれば……と思っていて」

店員　「なるほど。最近、お出かけの機会は増えてますか？　それとも、お仕事で着られるものをお探しでしょうか？」

顧客　「そうですね、最近、仕事でお客さまと会う機会が増えているので、ビジネス向けの服が気になりますね」

店員 「なるほど。それなら、こちらのジャケットはいかがでしょう？ ビジネスシーンでもプライベートでも使えますし、長時間着ても疲れにくいデザインになっています。一枚あると非常に便利ですよ」
顧客 「それはいいですね！ 一度試着してみてもいいですか？」

シーン①では店員さんは顧客にヒアリングすることなく、いきなり提案をしてしまっています。いわゆるリードセールスの典型です。シーン②のように、顧客に興味（問題・課題意識）を持ってもらうためにはヒアリングが重要なのです。

文字にしてみると当たり前のように感じるかもしれませんが、ヒアリングをろくにしない営業パーソンは意外と多いのです。ニーズを喚起するには、まずはヒアリングが鍵を握っていることを認識しておきましょう。

ソリューション営業とインサイト営業

先ほど4つの営業スタイルを紹介しましたが、顧客のニーズを喚起して成果につなげるのが、ソリューション営業とインサイト営業です。ここでは、この2つのスタイルの具体的な営業のステップを見ていきましょう（図14）。

顧客の課題を解決するためには、まずは次の2つのステップを踏みます。

① 顧客の現状を確認
② 顧客のありたい姿を言語化する

すると、①と②の間にギャップがあることが見える化されます。それこそが顧客の抱えている課題です。

ここから、課題における原因を特定していきます。気をつけなければならないのは、**ここまでのプロセスは営業側があからさまに導くやり方をしてはならない**という点です。顧客との対話のなかで自然と浮かんでくる、とい

図14 課題解決のステップ

ソリューション営業とインサイト営業

課題解決のステップ

② ありたい姿を言語化

①と②の差

① 現状を確認

③ 課題を明確にする

④ 課題における原因を特定する

⑤ 解決策を提案する

う形をつくることが重要なのです。想像してみてください。「誘導されて出てきた課題である」と思った時点で、その課題は顧客のなかに存在していたものではなく、営業の都合でつくられた課題になってしまうのです。

　あくまで顧客に寄り添う姿勢で、一緒に課題やその原因を明確にすることが大切です。顧客自身がその課題を本気で解決したいと思った場合は、どんな解決策を実行すればいいかを自ら聞いてきます。そこまでいってはじめて解決策を提案し、実行に移すのです。課題解決のステップは、まとめると図14の流れになります。

　なかなか成果があがらずに悩んでいる営業パーソンは、この一連のステップを無視して、いきなり⑤の解決策ありきの商談をしがちです。ところが、むしろ解決策は焦って提案しても良いことは何もありません。このステップを意識しながら商談に臨みましょう。

インサイト営業こそが重要な時代

　現在のインターネット社会に変わる前は、買い手側と売り手側との「情報の非対称性」が厳然と存在していました。

　「当社は、こんな商品・サービスを取り扱っていますよ」

　それを顧客に案内するだけで、商品やサービスが売れていた時代がありました。つまり、プロダクト営業だけで営業パーソンの存在価値があったのです。存在を知らなかった商品やサービスを知ることができた。情報の非対称性の解消そのものが顧客の課題解決になったため、それを知らしめる存在として営業パーソンの価値があったということになります。

　厳密に言えば、現在も情報の非対称性は存在します。だからこそ「御用聞き型営業」や「プロダクト営業」でも、一定の成果があげられるのです。

　御用聞き型営業やプロダクト営業は、ある一定の割合で残っていくでしょうが、これらだけでは、もはや限界が近づいています。**現在は、情報の非対称性に訴求する御用聞き型営業やプロダクト営業をやりつつも、顧客の課題を解決する「ソリューション営業」、さらには顧客自身が気づいていない潜在ニーズを見つけ出して解決する「インサイト営業」を組み合わせないと売れない時代になってきているのです。**

　私がいたキーエンスは「プロダクト営業」を徹底的に極めたうえで、インサイト営業を駆使するスタイルでした。キーエンスは「世界初」「業界初」を標榜し、ほかにはない機能を付けて付加価値を高めた商品を販売する企業ですから、基本的には機能が良ければ、商品を訴求するだけで売ることが可能です。

　インサイト営業の典型がプルデンシャルです。保険商品をはじめとする金融商品、人材、不動産などは扱う商品が同業他社とほぼ変わりません。こうした業界には新規営業がメインで高単価、かつ直販スタイルが多いと

いう共通点があります。

しかも、商品やサービスの独自性などで差別化が図れないため、営業パーソンの質の良し悪しで売り上げが大きく左右されます。その業界からすると、どうにかして営業パーソンの生産性を上げなければ、企業としての売り上げが停滞することになります。

このような業界は、御用聞き型営業やプロダクト営業といった営業スタイルでは成果をあげられません。インサイト営業がとくに求められる業界です。

ところが、この傾向はもはや商品やサービスがコモディティ化した業界だけにとどまらなくなっています。インターネットでこれだけ情報が氾濫したら、顧客は事前にさまざまな情報に触れることができ、下手をすると顧客のほうが営業パーソンより詳しいケースさえあるのです。それほど、時代は変わっています。

顧客が商品やサービスを認知してから購入に至るまでのステップも変わりつつあります。

従来のAIDMA（＝Attention〈注意〉・Interest〈関心〉・Desire〈欲求〉・Memory〈記憶〉・Action〈行動〉）から、ＡＩＳＡＳ（＝Attention〈注意〉・Interest〈関心〉・Search〈検索〉・Action〈行動〉・Share〈共有〉）に主流が移っています。つまり、関心を持ったらすかさず検索し、欲求や記憶を飛ばしてすぐに購入へ至るほど、顧客は営業パーソンと同等以上の速度で詳細な情報を手に入れているのです。

単に商品やサービスを案内するだけの昔ながらの営業スタイルは、顧客に喜ばれません。顧客が満足する「閾値」が、以前に比べて上がっているからです。

これからの営業の原理原則では、**顧客が潜在的に抱えている課題を自社の商品やサービスを使って解決するという「顧客の課題解決」が主たる役割**になっていきます。この原理原則を意識しなければ、これからは成果

があがらなくなっていきます。

組織の営業力が低い原因

　この原理原則が周知されないのは、営業教育の不在が原因です。

　営業パーソンは企業に入社するとすぐ、自社の商品やサービスの特徴ばかりひたすら覚え、ただひたすら覚えた特徴を伝える営業スタイルになってしまうからです。多くの営業パーソンは、商品やサービスの特徴を伝える技術はかなりの高水準です。ところが、顧客が求めているのは商品やサービスの特徴ではありません。

- その商品やサービスを通じ、自分にとってどのようなベネフィットがもたらされるのか
- その商品やサービスに、他社と比べてどのような優位性があるのか
- そのエビデンスは何か

　顧客はこういうことを聞きたいのです。

　残念ながら、現在の営業教育はこうした観点で行われていません。その結果、自社の商品やサービスを通じて顧客の課題をどのように解決すればいいのかわからないのが実情なのです。

　先ほどお話ししたように、かつてソリューション営業という言葉が流行しました。営業スタイルの歴史的な流れを追うとこうなります。

プロダクト営業→ソリューション営業→インサイト営業

　私も明確な定義はわかりませんが、ソリューション営業は顧客の課題をしっかりと確認しようという方向ではあると思います。ただ、そこで言われる課題解決は、どちらかというと顕在的な課題に寄っています。

　その後に登場したインサイト営業は、顧客にインサイト（示唆）を与えると

いう意味で、顧客の潜在的な課題を掘り起こし、それを解決する営業スタイルを意味します。私が営業の原理原則で挙げている顧客の課題解決は、インサイト営業に近い概念です。

ただ、机上で語られる概念自体には誰もが納得したとしても、顧客の潜在的な課題を掘り起こす方法を駆使している営業パーソンはほとんどいません。

具体的に課題を掘り起こし、解決に導く方法もわからないから、せっかく潜在的な課題を引きずり出しても、それが営業としての成果に結びついていないのです。

概念だけが先行し、具体策が見つからないで悩んでいる。結局のところ、そうした営業パーソンが多くなってしまうという悪循環に陥っているのです。

仕事柄、さまざまな企業のマネジメント層に営業の問題点を聞く機会があります。そのとき、次のような言葉がよく出てきます。

「うちの会社もソリューション（インサイト）営業をやりたいんだけど、なかなか浸透しないんだよね」

これは「営業あるある」です。ここで「浸透しないんだよね」と嘆いている人に、浸透させるためにどのような策が必要と思うか質問しても、ほとんど答えられません。仮にマネジメント層は答えられたとしても、その部下たちは答えられないのが実情です。

ソリューション営業というワードは2012年ごろ、インサイト営業は2014年ごろに新たな概念として定義され始めたと記憶しています。

ところが、その概念を正確に理解していたのは経営層やコンサルタントが中心です。売れる営業でも理解していなかったかもしれません。

ただ、概念は理解しても、誰もメソッドはわかっていない。とくに現場の営業パーソンからすると、ソリューション営業をしろと言われても、どうやればいいのかわからない。インサイト営業が時代の最先端だと言われても、

結局は机上の空論ではないかと思っている。そうした階層間のギャップがあるのではないでしょうか。

　最先端の理論は素晴らしくても、それを現場に落とし込めるだけの能力を持った経営層やミドル層がいない。だから、現場に行き届かない。手をこまねいているうちに、次の新たな理論が輸入され、もともとあった理論は顧みられなくなるのです。

　つまり、**ソリューション営業も完璧にできないうちに、インサイト営業に目が移ってしまう。どちらも中途半端な状態なのに、違う理論が時代の最先端だと飛びついてしまう。何も徹底されないまま、現在に至っている**のです。そこにこそ、日本企業の営業力の低さの要因があるのではないでしょうか。

営業に感じる罪悪感の正体と解消方法

　営業パーソンには、優れているとは思えない商品やサービス、ほとんど興味を持てない商品やサービスを売らなければならない人がいます。それを売ることへの罪悪感に申し訳なさを覚えている人は、意外と少なくありません。それに対する解決策のひとつは、3つの自信を持つことです。

　ひとつ目は、**自分が所属する企業に対する自信**です。自分の企業に誇りを持てなければ、その思いは顧客に悟られてしまいます。

　2つ目は、**自分が扱う商品に対する自信**です。自分もこの商品が好き、この商品は顧客の役に立つと思えなければ、その熱量の低さは絶対に顧客に伝わります。

　3つ目は、**自分に対する自信**です。ほかの人ではなく、自分から買うべきという思いを持てるかどうかが大事です。

　これら3つの自信をすべて持てるようになればいいのですが、そんな営業パーソンは必ずしも多くはありません。では、どのような理由があれば自

信がなくても納得できるのでしょうか。

　その答えこそ、営業の原理原則としての「顧客の課題解決」です。

　自信を持てなくても、扱う商品やサービスが顧客の課題を解決するための有効な手段だと思えればいいのです。売り上げを伸ばすために営業をしている人は、売ることそのものに罪悪感を覚えても不思議ではありません。しかし、営業の使命は困っている人の問題を解決することだと納得できれば、営業の捉え方は変わります。

　私はキーエンス時代にマイクロスコープ（顕微鏡）の営業を担っていました。文系の私にとって、それまでの人生においてマイクロスコープを使う機会は当然なく、そのため商品に対する思い入れは持ちようがありませんでした。しかし、週末も使って徹底的にマイクロスコープの知識を叩き込んだ私は、この商品が顧客にとってどのように役に立ち、なぜ700万円もするのかといったことを誰よりも理解していました。
　「顧客の課題解決をしている」という営業の原理原則を理解していることは、営業にとって何よりも重要なのです。商品への強い思い入れがなくても、自信が持てなくても、原理原則さえ理解していれば営業はできます。そして、成果をあげることもできるのです。

　また、顧客の課題解決において何より大切な点は、**営業パーソンが顧客のことを「顧客以上に」理解していること**です。顧客のことを顧客以上に理解することで、顧客の本質的な課題が見えてくる可能性が高くなります。顧客の現在の状況はどのようになっているか、顧客の競合はどこで、クライアントにはどんなところがあるか。さまざまな角度から顧客の視点に立って考え、理解を深めることが大切です。

　その過程で、顧客自身が気づいていない「潜在的な課題」が見えてくる

ことがあります。内部にいるとわからない点が外部から見るとよくわかるというのは、珍しいことではありません。だとしたら、いち早く営業パーソンがそれに気づき、新たな視点としてそれを顧客にヒアリングを通じて気づかせてあげれば、潜在ニーズは自然と浮き彫りになってくるはずです。

多くの営業パーソンが勘違いしているのは、**自社の商品やサービスの「魅力」を伝えなければ買ってもらえないと思い込んでいる点**です。顧客からすれば、自分や自社が抱えている問題を商品やサービスが解決してくれるのであれば、その商品やサービスはそれだけで十分魅力的なのです。

知識 ②
営業の基本プロセス

　営業には、進めるべきプロセスがあります。営業と恋愛は似ていると語る人は少なくありませんが、私も本質は変わらないと考えています。

　恋愛に慣れていない人や恋愛が上手ではない人は、頭のなかで妄想を膨らませた挙げ句、すべてのプロセスをすっ飛ばして「好きです」「付き合ってください」といきなり伝えてしまいます。そんなことを言えば、相手が誰であっても受け入れられません。まずは信頼関係を構築するのが先決。そのうえで、相手の現状を理解することから始めます。

「あなたはどういう人ですか」
「あなたにはいま、彼氏（彼女）がいるのですか」
「これまで、どういう恋愛をしてきたのですか」

　ストレートに聞けないテーマもあるので、さまざまな角度からトークをして自分のなかで相手の現状を理解していきます。

　彼氏（彼女）がすでに存在していた場合、その彼氏（彼女）で満足しているのか。あるいは不満があるのか。満足でも不満でも、新しい相手を求めているのか。彼氏（彼女）がいなかった場合、すぐにでも彼氏（彼女）が

欲しいのか。しばらくはいらないのか。相手がどのように考えているかを把握し、彼氏（彼女）がいたほうがいいというニーズを喚起します。それこそが相手の課題を確認するという工程です。

　潜在的なニーズがあるとわかった時点で、こんどは自分のことをアピールします。世の中の男性（女性）のなかで、なぜ自分があなたにとってふさわしいのか。それが解決策の合意となる提案で、その合意ができればめでたくお付き合いするという成果に到達します。
　営業も本来、まったく同じプロセスをたどります。

営業の流れと商談プロセスを理解する

　商談は、顧客との信頼関係を構築するプロセスから始まります（図15）。お互いの信頼関係を構築できなければ、顧客はこちらの話に聞く耳を持ってくれないからです。

　信頼関係が構築できたら、顧客の現状を確認します。仮に信頼関係を築けたとしても、こちらが提案したいことばかりいきなり押しつけると、聞く耳を持ってくれないばかりか、せっかく構築した信頼関係も崩壊してしまいます。
　そもそも、顧客は現状を理解してもらいたいはずです。顧客としては、的外れの提案、無理やりの提案をされても、単なる時間の無駄にしかならないからです。現状を確認しなければ、次のステップとなる課題の確認に進めません。

　プルデンシャル時代、私は顧客の現状を確認したうえで、新たな保険に入る必要がないと判断すればいっさいの提案をしませんでした。つまり、課題がなければ、あるいは課題が確認できなければ、その先のプロセスに進むことはなかったのです。

図15　営業の流れと商談プロセス

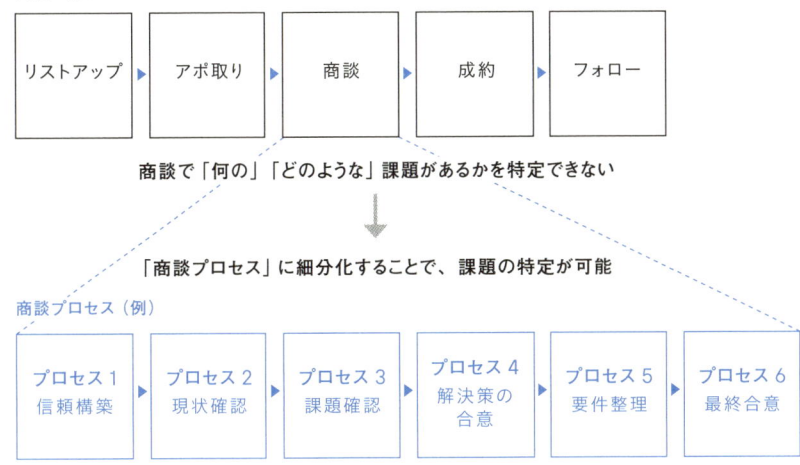

商談プロセスの管理で商談状況を可視化する

営業の流れ

| リストアップ | ▶ | アポ取り | ▶ | 商談 | ▶ | 成約 | ▶ | フォロー |

商談で「何の」「どのような」課題があるかを特定できない

「商談プロセス」に細分化することで、課題の特定が可能

商談プロセス（例）

| プロセス1
信頼構築 | ▶ | プロセス2
現状確認 | ▶ | プロセス3
課題確認 | ▶ | プロセス4
解決策の合意 | ▶ | プロセス5
要件整理 | ▶ | プロセス6
最終合意 |

　顧客にとって必要のない保険を押し売りのように押し込む。顧客にとって必要十分な保険をわざわざ解約させ、新たに自社の保険に乗り換えさせる。そうした顧客の課題を解決することにつながらない営業は、いっさいやらないと決めていました。

　まずは現状を把握し、課題を確認することでしか、顧客の潜在的な課題を顕在化させることはできません。**はじめから課題が顕在化している顧客に対しては、もっと奥深くに潜在化している重要な課題に気づいてもらい、ニーズを喚起することが営業の醍醐味**です。

　そこまで進めて自社の商品やサービスが必要だと感じてもらえたら、顧客の課題を解決すべく解決策の合意という形で正式に提案します。そこで顧客に「この提案は自社（自身）にとって有用だ」と感じていただけたら、予算や決裁者、導入時期などの要件を整理する。そのステップを経て、最終合意に至るという流れで商談は完結します。

ノーニーズノープレゼンテーションの原則

売れる営業と売れない営業の大きな違いは、先ほどお話しした顧客の課題解決をしているかしていないかです。

「ノーニーズノープレゼンテーション」

課題がなければニーズはなく、ニーズがなければ提案もしない。これが大前提です。

しかし、これを頭でわかっている人でも、いざ自分が営業の現場に立つとすっかり変わってしまいます。目標数字に追われる状況では、なかなか顧客の心情など考えられないという人が多いのではないでしょうか。とにかく自分のやりたいこと、自分がやるべきだと思っていることを実行する。そこに思考が固定化されてしまっているのです。

その結果、提案することが最大の目的となり、成約は「数撃ちゃ当たる」の理屈でしか考えられなくなります。

その大きな要因となるのが、商談プロセスの軽視です。

ほとんどの営業パーソンは、図15の上部に書かれている「営業の流れ」でしか商談を管理していません。顧客のリストアップから始まり、アポイントを取って顧客を訪問して商談を行い、うまくいけば成約につながり、アフターフォローをする。一見すると段階を踏んでいるように思えますが、肝心の商談の部分の緻密さが欠けています。

図15の商談プロセスは私の経験から導き出した、どのような業種の営業にも使える汎用性のあるものなので、ぜひ使ってみてください。

提案のチャンスは基本的には一度しかない

企業側も、商談プロセスの管理について質問すると、圧倒的多数の企業がプロセス管理はしていると答えます。しかし、続けてどのような管理をしているか問うと、きわめて属人的で、営業パーソンの判断に委ねている

ことがわかります。

よくあるのが、「ヒアリング」「提案」「クロージング」というプロセス管理です。この場合、各プロセスの定義や何をもって達成したかを客観的に測る達成基準が曖昧だと、営業はヒアリングの有無にかかわらず、提案をしたらプロセス上は提案扱いになります。このプロセス管理の問題点はほかにもあります。「ヒアリング」「提案」「クロージング」という表現自体が、営業パーソン目線になってしまっている点です。

私が提唱している「解決策の合意」は提案と同義ですが、提案ではなく「解決策の合意」と表現をしているのは、顧客目線のプロセスであることを意識させるためです。

「提案のプロセスで、営業パーソン本人が顧客に提案したと言ったら、プロセス管理上では提案にしています」

この回答を聞けば、その企業がプロセス管理に失敗しているのが一目瞭然です。営業パーソンの主観的な判断に任せてしまうと、顧客が提案を望んだから提案したのか、顧客が望んでいないのに無理やり提案しているのかがわかりません。そうなると、プロセス管理に本質的な意味がなくなってしまうのです。

売れる営業は、顧客の現状がどのようなものなのか、将来のありたい姿としてどのようなビジョンを持っているのか、その狭間にある潜在的な課題やニーズをしっかりと把握しています。つまり、顧客視点でのプロセス管理ができているのです。それはいま提案すべきか、提案すべきではないのかの適切な判断につながります。

ところが、売れない営業は、成果をあげられていないため、焦っています。早く成果につながる提案をしなければならないと、提案すべきではないタイミングで提案しています。

提案するタイミングは、商談においてきわめて重要です。これは、自分が提案される立場になってみればすぐに理解できます。**誰かから営業を受けて、その商品やサービスに魅力も必要性も感じていないときに、「提案だけでもさせてください」と言われても、その提案内容は頭に入ってこない**でしょう。

　提案のタイミングを間違えると、基本的には再度提案の機会をいただけることは稀です。顧客の状況が変われば再度提案ができる機会はつくっていただけるかもしれませんが、貴重な機会だからこそ慎重かつ丁寧に臨むべきです。

各プロセスに達成基準を設けて忠実に実行する

　では、プロセスを適切に管理するにはどうすればいいのでしょうか。

　それには各プロセスごとにしっかりとした定義を定め、それぞれの達成基準を設けることで解決できます。P62のところでご紹介したように、プルデンシャルには「OI → FF → P → C」と呼ばれるセールスプロセスがありました。次の定義と達成基準は私が作成したものですが、自社の商品やサービスに合わせて考えてみてください。

信頼構築

定義＝顧客と営業が相互に信頼関係を構築するプロセス
達成基準＝会社案内の実施・自己紹介の実施・顧客が疑念を抱いていないか

現状確認

定義＝商品やサービスの提案に必要な顧客の定性・定量情報を確認するプロセス
達成基準＝顧客情報を確認できたか・対象顧客になるか判断できたか

課題確認

> 定義＝顧客が抱える顕在的・潜在的な課題を顧客と営業が相互に認識するプロセス
> 達成基準＝顧客が自ら問題に気づいたか・問題を解決したいと思ったか・問題解決をしないとどうなるかイメージできたか

解決策の合意

> 定義＝顧客の問題・課題を解決するための商品・サービスの提案プロセス
> 達成基準＝課題解決につながると感じたか・競合他社やほかの手段との違いを理解してもらえたか

要件整理

> 定義＝顧客が求める要件を整理し、確認と合意を得るプロセス
> 達成基準＝予算・決裁者・導入スケジュール・競合他社の有無を把握できたか

最終合意

> 定義＝顧客が契約条件および契約締結のスケジュールに合意するプロセス
> 達成基準＝契約に向けたスケジュールやプロセスを示してくれたか（契約手続きの日程）・最終合意の阻害要因を確認したか

　ただし、こうした定義、達成基準を設けても、自分に都合がいいように解釈しがちです。
　「自分は頑張って話したから、必要性を感じてくれたはずだ……」

　確認も合意もないのに、その思いで突っ走ります。
　「よろしければ、一度提案を聞いていただけませんか？」

顧客も、曲がりなりにも時間を取っているので、しぶしぶこう言うかもしれません。

「じゃあ、聞くだけ聞くよ」

すべてに明確な基準がなく、曖昧に進んでいるのです。

私は、必ず確認し、納得したうえで合意してもらえた場合のみ提案しています。

「いままでお話ししてきましたけど、保険の必要性を少しは感じていただけましたか」

ここで、明確に「ノー」と言われたり、曖昧な態度を感じたりしたら、潔く撤退します。そのほうが、双方にとって時間の無駄を避けられるからです。

多くの営業パーソンは、顧客に確認して「ノー」と言われ、提案する機会を失うことを過度に恐れています。**「ノー」と言われる前に、一度「ダメ元」でもいいから提案してしまおう。これだと「提案した」というアリバイはつくれても、肝心の成果にはつながりません。**

もうひとつの罠は、営業パーソンが顧客の潜在的な課題を掘り起こし、それをもとに「ニーズセールス」をしているつもりになっている点です。結果的に、自分が売りたいものを無理に押しつける「リードセールス」になっているのが大半なのです。

なぜ、そのような罠に陥っているのでしょうか。

これについても、商談プロセスが関連してきます。多くの人はそのプロセスを理解できていないとお話ししましたが、理解して基準を設けていたとしても、この最終合意に至るまでの細かいステップを時間に追われるなかで丁寧に踏むのは無理だと思っているからです。**解決策の合意こそが成約に直結すると誤解し、一刻も早く提案しなければならないと勘違いしているの**です。

時間に追われているからといって、このプロセスを無視したり、ショートカットしようとしたりすると、逆に成果から遠ざかってしまいます。

　丁寧にプロセスを踏まなければ、結局は失敗するだけ。急がば回れという諺があるように、最短距離を進みたければ、一つひとつのプロセスを丁寧に踏んでいく以外に方法はありません。

知識 ③
営業は「4つの壁」を
乗り越えられるかが鍵

　これらの商談プロセスと並行するように、営業には「4つの壁」があると言われます。それが次の4つの要素です。

- 不信の壁＝顧客は、最初はあなたやあなたの会社のことを信用していない
- 不要の壁＝不信の壁を越えても、人は不要なものは購入しない
- 不適の壁＝不要の壁を越え、必要性は感じても、自分に合わない、自分には使えないと思えば購入しない
- 不急の壁＝不適の壁を越えても、いますぐには必要ないと思っていると、人は購入しない

　これは顧客が「商品・サービスを契約するまで」に感じる心理的な4つの壁とも言えます。これを理解したうえで商談に臨めば、ひとりよがりな営業にならず、営業レベルは格段に上がります。

　まず1つ目は**「不信の壁」**です。顧客は「この会社のことを信用して大丈夫かな?」「この担当者のことを信用して大丈夫かな?」と無意識に思い

ます。ここを乗り越えずに商談を進めた場合、いざ意思決定を求められた際に「本当にこの会社、この担当者にお願いして大丈夫かな?」と悩む要因になります。

2つ目は**「不要の壁」**です。いくら営業パーソンが「これが必要ですよ」と力説しても、お客さま自身が必要と思わなければお客さまは動きません。価格が高い安いではなく、必要と思えるかどうかが人が動くポイントになります。

3つ目は**「不適の壁」**です。たとえお客さまが必要性は感じても、この提案内容は自分に合っていないと思ったら商談は前に進みません。競合他社を見てみようと思われるかもしれません。逆に言えば、これは自分にぴったりな提案だと思えたら、話はとんとん拍子に進みやすくなります。

4つ目は**「不急の壁」**です。会社や担当者は信用できる。サービスに必要性は感じたし、提案内容も良かった。「でもこれは、いますぐに契約したほうがいいのか?」という壁です。一般的に人は、物事を先延ばしにする傾向があります。しかし、いますぐに契約したほうがいいと腹落ちすれば人は契約をします。

不信の壁を乗り越えればそれは「信用」に変わります。
不要の壁を乗り越えればそれは「必要」に変わります。
不適の壁を乗り越えればそれは「最適」に変わります。
不急の壁を乗り越えればそれは「至急」に変わります。

どれかひとつでも欠けていたら商談は成約につながりません。一つひとつ丁寧に乗り越えることを普段の商談から意識することが大切です。

商談プロセスと4つの壁の乗り越え方①
信頼関係を構築し、不信の壁を乗り越える

この4つの壁と、先ほどの商談プロセスを掛け合わせたのが図16です。ここからは商談プロセスごとに立ちはだかる壁を意識しながら、どうすればそれらの壁を乗り越えられるかについて考えていきましょう。

まず、信頼関係構築のプロセスでは、不信の壁を乗り越える必要があります。顧客は営業にやって来た営業パーソン、その企業を信用してもいいのかと疑問を持っています。営業パーソンは、具体的にどのような行動をすれば不信の壁が越えられるのでしょうか。その行動例が次のものです。

- ○ 外見や振る舞いなど、ビジネスマナーに気をつける
- ○ 会社案内を行い、自社の実績を伝える

図16　商談プロセスと4つの壁（顧客の心情）

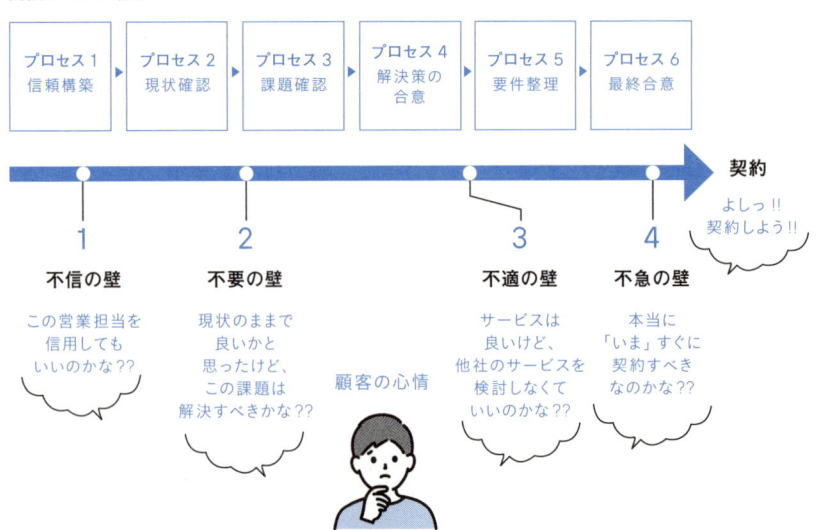

- 自己紹介を行い、自分の人となりを理解してもらう
- 自分がその企業で働くようになった経緯などを伝える

　このうち、外見や振る舞いについては**「メラビアンの法則」**というものがあります（図17）。コミュニケーションにおける言語情報、聴覚情報、視覚情報が相手に与える影響を示した法則です。もっとも割合が高いのは、見た目や表情、しぐさなどの視覚情報で、55％を占めています。次が声のトーンや大きさ、話す速さなどの聴覚情報で、38％ほどになります。もっとも割合が小さいのが言語情報で、話の内容はおよそ7%しか影響を与えていないのです。

　営業パーソンは、商談は話の内容が重要だと考えていますが、第一印象となる視覚的な情報や声のイメージによって、9割以上が決まってしまうというのです。その信憑性はともかく、相手の信用を得るためには、外見

図17　メラビアンの法則

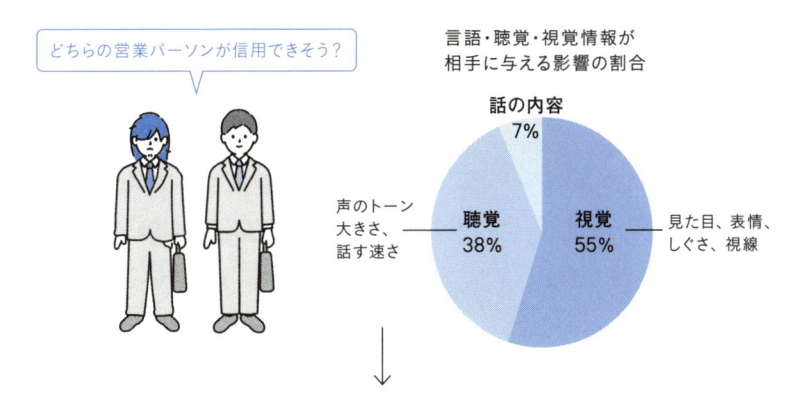

不信の壁を乗り越える手法「メラビアンの法則」

どちらの営業パーソンが信用できそう？

言語・聴覚・視覚情報が
相手に与える影響の割合

話の内容
7%

声のトーン
大きさ、
話す速さ

聴覚
38%

視覚
55%

見た目、表情、
しぐさ、視線

話の内容だけでなく、
外見や話し方、態度に気を配ることが大事

や振る舞いにも気を配る必要があるのはたしかです。

　当たり前のように思われるかもしれませんが、意外にこれらを意識している人は多くありません。

　また会社案内や自社の実績を伝えること、自己紹介を通じて自分の人となりを理解してもらうことは、営業に限らず、人間のコミュニケーションの基本です。**顧客はあなたが何者なのか、あなたの所属する企業がどのようなことを事業として行っているのかを知らないという前提で臨むべきです。**もちろん誰もが知っている有名な企業の場合、社名を伝えるだけで済むこともありますが、顧客と対峙しているあなたのことを理解してもらう必要があります。

　その際に、自然な流れであなたがその企業で働くことになった経緯なども伝えることができれば、不信の壁は乗り越えやすくなるはずです。

　これらはコミュニケーションとして基本的で当たり前のことですが、基本は案外抜けがちです。当たり前のことを当たり前にやることは、どんな人にとっても難しいのです。だからこそ、**当たり前のことをしっかりと丁寧にやりきれれば、あなたは顧客の信頼を掴むことができます。**そうして、不信を信用に変えなければ、先には進めません。信頼関係が不安定で不信の壁を乗り越えないまま先に進んでも、土壇場で顧客を不安にさせてしまいます。

商談プロセスと4つの壁の乗り越え方②
現状確認と課題確認をし、不要の壁を乗り越える

　信頼関係構築のプロセスの次は、現状確認と課題確認のプロセスです。ここはヒアリングのプロセスで、商品やサービスの提案に必要な顧客の情報を確認し、顧客が抱える顕在的・潜在的な課題を認識します。ここで登場するのが、不要の壁です。

　一般に、人は商品やサービスに対するニーズが顕在化していない限り、

はじめからそれが欲しいと思っているわけではありません。それは「不要」と同義なので、それをいかにして必要に変えるかが乗り越えるべき壁です。言うまでもなく、ここに至るまでには不信を信用に変えておくことが大前提です。具体的に、不要の壁を乗り越える行動を考えてみましょう。

- 顧客の現状をヒアリングする
- 顧客の「理想の状態」をヒアリングする
- 現状に対する不満や課題をヒアリングする

つまり、これは潜在ニーズを掘り起こすためのヒアリングです。それによって、そのときまでは不要と思っていた顧客の心を、必要に変えるための行動です。

商談プロセスと4つの壁の乗り越え方③
解決策の合意で、不適の壁を乗り越える

問題は、その次の解決策の合意のプロセスです。その提案は本当に自分や自社に合っているのか。合っていないと思われたら、導入を見送られたり競合他社の参入を許したりするなど、営業パーソンにとっては死活問題になります。この不適の壁を乗り越えるための具体的な行動は、次の通りです。

- 自社の商品やサービスの特徴や価格を伝える
- 自社の商品やサービスのほうが競合先より優れている理由を伝える

ここで生きてくるのが、すでにお話しした業界知識や商品知識、競合知識です。これを的確に、適切に、魅力的に伝えられなければ、不適の壁は乗り越えられません。これを乗り越えられてはじめて、顧客にとって最適な商品やサービスになるのです。

そして、顧客が求める要件を整理し、確認と合意を得る要件整理のプロセスがあります。このプロセスは予算と決裁者、導入スケジュール、競合他社の有無を把握することが達成基準です。

補足すると、要件整理のプロセスは解決策の合意プロセスの前に行ったほうがいい場合など、扱う商材によって変わることがあります。生命保険の場合は、課題確認の時点で「入ったほうがいいかも」と顧客が思っていたとしても、いきなり「実際に入るかどうかを決めるのは誰ですか」や「加入時期はいつがいいですか」などの問いかけをされると興醒めしてしまうケースが多いので、解決策の合意のあとに行うのが無難です。

要件整理のフレームワーク「BANTC」

「BANTC」というフレームワークを聞いたことがあるでしょうか。BANTCとは、Budget（予算）、Authority（決裁者）、Needs（ニーズ）、Timeframe

図18　BANTC

受注確度を明らかにするBANTC

	一般的な質問	答えやすい質問
Budget 予算	今回の予算はいくらですか？	同じようなケースでは〇〇万円のご予算を組まれることが一般的ですが、御社ではどのようにお考えですか？
Authority 決裁者	この案件の決裁者はどなたですか？	導入を進める際には、現場の方のご意見と決裁者の判断が重要になると思いますが、どなたが関与される形でしょうか？
Needs ニーズ	御社の課題は、〇〇で合っていますか？	先ほど〇〇の課題についてお伺いしましたが、とくに影響が大きいのはどの部分ですか？
Timeframe 時期	導入の予定時期は決まっていますか？	今年度中に導入を考えられる企業様が多いですが、御社ではどのようなスケジュール感をお持ちですか？
Competitor 競合	他社のサービスも検討されていますか？	この分野ではいくつかの選択肢があると思いますが、御社ではどのような基準で比較検討を進められていますか？

（時期）、Competitor（競合）の頭文字をとった言葉で、要件整理で使うフレームワークです。これらの項目を顧客に確認することで、案件の受注確度が明確になります。またそれだけでなく、案件を受注するために足りない要素も明らかにできます。

　これらの項目を把握するために顧客に質問をしていきますが、予算や決裁者など、顧客に直接聞きづらいと思う人もいるのではないでしょうか。そのため、一般的な質問に対して、相手がより答えやすい質問例を各項目ごとにまとめたものが図18です。

　これを駆使できるようになるのとならないのとでは、その後の受注率に大きく影響します。

商談プロセスと4つの壁の乗り越え方④
最終合意で、不急の壁を乗り越える

　最後は、最終合意のプロセスです。つまり、契約です。ここで乗り越えなければならない壁は、不急の壁です。提案された商品やサービスが優れていて、自分の課題を解決してくれるのはわかったけれど、本当にいますぐに契約すべきなのだろうか。顧客のそうした不安を解消するために、次のような行動が求められます。

- 顧客が何に悩んでいるかを明確にする
- いつまでに、何を検討してもらうかを明らかにする
- 顧客がいますぐに契約すべき理由を伝える

　重要なのは、顧客の不安を言語化させること、その不安を帳消しにする「至急」の理由を明確にすることです。そうすることで、顧客自ら「いますぐに契約したほうがいい」と思ってもらえれば理想的です。

壁は乗り越えてもなくなるものではない?

　これら4つの壁を乗り越えなければ営業は成立しません。失注したときは、4つの壁のどこかでつまずいている可能性があります。

　ただ、厳密には4つの壁は1回乗り越えたからOKという単純なものでもありません。

　たとえば、不信の壁を最初にクリアしたとしましょう。そこから商談が進んだとしても、2回目でアポイントの時間に遅刻したり、報告や連絡が漏れていたりした場合、せっかく乗り越えた不信の壁は、また元に戻ることも考えられます (図19)。

　不要の壁についても、それを乗り越えて次の解決策の合意のプロセスに入っているのに、提案を聞いているうちに本当にこの商品やサービスが必

図19　不信の壁は常に復活する可能性がある

商談プロセス（例）

プロセス1 信頼構築	プロセス2 現状確認	プロセス3 課題確認	プロセス4 解決策の 合意	プロセス5 要件整理	プロセス6 最終合意

**契約
不成立**
やっぱり
契約するのは
やめよう

1　クリア　　2　クリア　　クリア　3　　不信の壁、復活　4

不信の壁　　　**不要の壁**　　　　　**不適の壁**　　　　**不急の壁**

この営業担当を
信用しても
いいのかな??

現状のままで
いいかと
思ったけど、
この課題は
解決すべきかな??

顧客の心情

サービスは
良いけど、
他社のサービスを
検討しなくて
いいのかな??

なんか今日の担当者の
説明は、
契約を急ぎたい態度が
あからさまで
不信感が……

不信の壁は一度クリアしても、
何か失態を演じれば復活してしまう可能性がある

要なのかという不安が再び頭をもたげることもあります。壁を乗り越えたからといって安心していると、痛い目に遭います。ひとつの壁を乗り越えたとしても、その壁が消えるわけではないのです。**最終的に契約書にサインするまでは、4つの壁をクリアしている状態を維持していかなければなりません。**

とくに、最初にクリアすべき不信の壁は、どうすればその壁に立ち戻らないかを常に意識しておくことが大切です。不適の壁に進んでも、不急の壁に進んでも、それまでにクリアした壁に顧客を立ち戻らせないために、営業パーソンとしてできることをやり続けましょう。

顧客との信頼関係を構築し、維持し続けることは、商談を通じてべったり張りついているイメージです。

顧客が不要だと感じているのに提案するのは、自己中心的な営業です。顧客がその商品やサービスが自分に適しているかどうかわからないのに、契約を迫るのも顧客のことをまったく考えていません。その意味では、不要、不適、不急の壁は流れるように階段状に上がっていくように思えます。

その3つの壁の流れと、不信の壁の流れは別に捉える必要があります。商談を通じて並行しているので、**営業パーソンがもっとも重視すべきは、信頼関係の構築と言えます。**信頼関係の構築が上手な営業パーソンは、場合によっては3つの壁を飛ばせることもあります。

保険はその最たる例です。

「わかったわかった。きみに言われたら悪いようにはしないだろうから、契約するよ」

そのような顧客もいるのです。

ただし、そうした信頼関係を継続しながら年月が経っても、何かひとつの不義理をしてしまったら、一気に信頼を失います。**提案した商品やサービスに対して一度「必要」「最適」と思ってもらえれば、それが覆ってしまうことはなかなかありません。しかし、人間同士の信頼関係は崩れるときは一瞬です。**だからこそ、どんなに信頼関係を強固に構築しても、不信の

壁が常にあることを意識しておくことが大切です。

4つの壁を乗り越えるためのワーク

　4つの壁を意識しつつ、提案役と友人役に分かれ、ペアになって次の課題に取り組んでください。

提案役

　痩せたい友人の悩みに対し、「ランニング」を提案し、一緒に始めるように誘う。

前提

　ランニングが趣味で、仲間を増やしたい。

いま

　週末から一緒に走りたいと考えている。

友人役

　「最近、体重が増えたんだよね」から会話を始める。

前提

　4ヶ月後に予定されている年末の同窓会までに5キロ減量したいが、日常的な運動習慣はない。良い提案があれば行動したいとは思っている。

　営業は、日常生活からいくらでも学べます。このケースも営業の場面ではありませんが、エッセンスは営業の場面で十分に使えるものです。
　以下に会話の例を載せました。これを参考にしながら、同じシチュエーションで別のパターンも考えてみてください。

友「最近、体重が増えたんだよね」←**不要の壁**

提「あっそうなんだ。気にならないけど〇〇さんは気になっているの?」

友「ちょっと気になっているんだ。同窓会があってそれまでに痩せたいんだ」

提「同窓会いいね。いつ同窓会があるの?」

友「年末なんだよね」

提「それまでに目標はあるの?」

友「うーん。5キロは減らしたいかな」

提「ちなみにいまはダイエットはしているの?」

友「ううん、してない。秋くらいからやり始めようかと思ってる」

提「秋から始める予定なんだね。何か具体的な方法を考えてる?」

友「食事制限が一番手っ取り早いかなと思ってるね」←**不適の壁**

提「食事制限だけだと2〜3キロは落ちても、5キロは大変かもね」

友「たしかにそれはあるかも」

提「だよね! 食事だけだと大変だから、運動も取り入れると楽に減らせるかもよ。一緒にランニングはどう? 楽しみながらじゃないとダイエットは続かないよ!」

友「たしかにそうだね」

提「〇〇さんはサウナ好きだったよね? ランニングのあとのサウナも最高だよ!」

友「それなら、楽しみもあってありかも!」

提「だったら、さっそく始めようよ!」

友「ええ? まだ暑いし涼しくなってからがいいな」←**不急の壁**

提「たしかに暑いよね。でも、少しずつ慣らしておくと、秋になったときに無理なく走れるよ。まずは今週末軽めに走ってみない?」

友「え、いいの? ありがとう! それなら今週末から始めてみようかな!」

　このようなシチュエーションは日常の至るところにあります。たとえば、自分は今晩ラーメンが食べたくて、相手はうどんが食べたい場合、あなただったらどのように相手をラーメン派にさせるでしょうか。

このように、日常生活の捉え方を変えるとゲーム感覚で営業力が鍛えられます。この力がついてくると、あらゆる状況でムキになることもなくなるので、険悪なムードに陥ることもなくなります。親子喧嘩や夫婦喧嘩もなくなる、広い目で見れば国と国の争いもなくなる。営業力を極めた先には、平和が訪れる。私は、営業力にはそれだけの力が秘められていると考えています。

知識 ④
営業は「量」と「質」の
掛け合わせである

　営業成果の本質は、ひと言で言うと「量×質」です。売り上げでは「新規の顧客数×単価×購買頻度」という方程式がよく使われますが、これを営業に置き換えると量×質になります。

　営業における量とは、訪問件数や架電件数など数でカウントされるものです。一方の質は、商談化率、案件化率、受注率などパーセンテージで表せる指標です。ただし、質の定義は企業によってさまざまなので、一概には言いにくいところがあります。

　典型的なパターンは、ナーチャリング（顧客育成）と呼ばれる見込み客を契約する状態にまで導くための営業で見られます。初回面談から実際の商談まで進められたものの比率を商談化率と呼び、商談から具体的に見込みが立つ案件まで進められた割合を案件化率といい、その先の受注に至ったものの比率を受注率といいます。

　第1章で、組織は2割の売れる営業、6割の普通の営業、2割の売れない営業という分布になり、これを売れる営業7、普通の営業2、売れない営業1のように、バラつきを標準化していくことが必要であると書きました。

図20　量×質のデータ分析

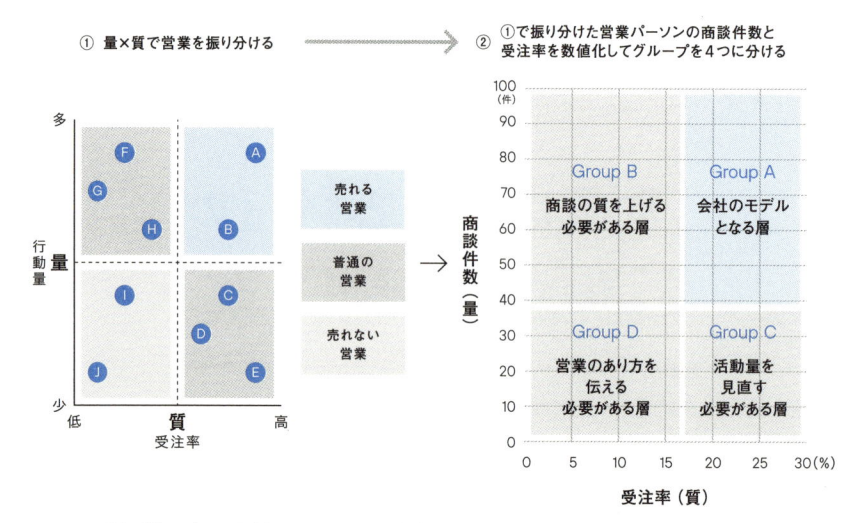

① 量×質で営業を振り分ける　　　　→　② ①で振り分けた営業パーソンの商談件数と
　　　　　　　　　　　　　　　　　　　　　受注率を数値化してグループを4つに分ける

量×質のデータ分析によって、課題把握が可能になり
努力する場所がわかることで、成果につながる！

出典：『無敗営業 チーム戦略 オンラインとリアル ハイブリッドで勝つ』（高橋浩一、日経BP）をもとに作成

　量×質と組織構成の分布を示し、そこにどのような対処をすればいいかをうまく表現したのが、営業コンサルタントの高橋浩一氏が提唱するABCDマネジメントです。

　これは組織の営業をA・B・C・Dの4つの領域に分け、行動の量・質がともに良いAゾーン、行動の量は多いが質は低いBゾーン、行動の質は高いが量が足りないCゾーン、そして行動の量も質も不足しているDゾーンとし、それぞれに適切なマネジメントをすることで組織力をアップさせるという理論です（図20右）。

　私はさまざまな組織を見てきましたが、ほとんどがこの4つのゾーンに分けられます。本書の定義を高橋氏のABCDマネジメントに当てはめると、Aが売れる営業、BとCが普通の営業、Dが売れない営業となります。

　組織として売り上げを最大化するためには、量も質も高いレベルにする

必要があります。それをうまく体現したのが、キーエンスの仕組みです。

成果とプロセスの両方に評価軸を持っている
キーエンス

　キーエンスの場合は、量と質の両面でデータをしっかり取っています。秀逸だったのは、**評価基準として「成果軸」と「プロセス評価軸」の両方があったことです。成果軸は文字通り売り上げの成果を示し、プロセス評価軸は行動の量を示しています。つまり、効率良く成果（売り上げ）だけをあげていることを良しとせず、行動量も求められていたのです。**

　ほとんどの企業では、営業職の人事評価制度の基準は「売り上げ」が中心です。言い方を換えれば、売り上げさえ伸びていたら、量は少なくてもいい。先輩が量をやっていないから、後輩もそんなに頑張らない。そうした勘違いが生まれ、営業の質が低い後輩は売り上げが伸びなくなってしまいます。

　量が少ないのはたしかに好ましくありませんが、だからといって多すぎてもいけません。よく言われるのは、量を重ねれば質に転化するという「量質転化」です。一定の量を実践すればたしかに質に転化しますが、量を増やしすぎると反比例が起こってきます。量を追うことに疲弊し、質に転化する余裕がなくなってしまうからです。

　書籍の編集者が1年に担当する書籍の数は、何冊ぐらいが妥当なのでしょうか。専門家ではないのでわかりませんが、刊行すればするほど売り上げと利益が伸びるのであれば、月に2冊、年間24冊ぐらい担当したほうがいいことになります。

　しかし、一般的に世の編集者はそのような数の書籍を担当していないといいます。なぜなら、そこまでやると内容を吟味する時間がなくなり、書籍の質が下がってしまうからです。

これはあくまでたとえ話ですが、**商品やサービスには最適な量があるの**です。

　普通にやっていれば達成できる量であるなら、ストレッチした目標にならず、その営業パーソンにとっての成長は見込めません。**少し頑張れば届くけれど、質が下がるところまではいかないラインに目標を設定する**のがポイントです。

　編集者のケースで言えば、それが6冊なのか8冊なのかわかりません。書籍という商品にとって、あるいは出版社の考え方によって、絶妙なラインが設定されているのでしょう。キーエンスにおいても、そのデータを長年にわたって取得したうえで、絶妙な基準を設定していました。

　前述の通り、キーエンスの1週間は、「社内日」と「社外日」に分かれます。社内日はオフィスから一歩も出ず、ひたすらアポイントを取る日です。

　この社内日のKPIは、電話の件数と時間です。それぞれにはキーエンス独自の基準があり、それを満たしていなければプロセス評価は落ちてしまいます。つまり、最低ラインが決められているイメージです。会社に所属している以上は、新人だろうがベテランだろうが、その基準の達成が求められます。

　社外日も同様です。**社外日の主たるKPIは訪問件数とデモ件数**です。これにもキーエンスの基準が明確に定められ、それを達成できなければプロセス評価は下がります。

　もうひとつのキーエンスの特徴は、KGIの設定です。これは多くの企業のように「売り上げ」ではなく「利益」です。利益を基準にするメリットは、安易な値引きを防ぐことにあります。売り上げに基準を置くと、安売りをしてでも売り上げを追求する営業パーソンが必ず出てきます。キーエンスは徹底的に利益率にこだわっているので、営業のKGIを利益に置くことで、利益率が高い状態をキープしているのです。

量と質を最適に上げる方法

多くの企業を見てきましたが、営業パーソンを図20のような量と質で分布させたり、それを整理したりしている企業を見たことがありません。

それは肝心のデータを取っていないため、やりたくてもできないのが現状でしょう。この分布が明確になっていることによって、さまざまな分析ができるようになりますし、確実に成果につながります。

以前、私がセミナーの講師を務めたときに、図20の左側を使って次のようなワークショップを行いました。

「ここにいるみなさんは、営業部所属のマネージャーです」
「この分布図を見て、あなただったらどのような営業指導を行いますか?」
ヒントとして、グループ分けした図20の右側も見せます。
「みなさんが率いるチームを分析するとこのような状態です。縦軸と横軸には商談件数(量)と受注率(質)のアベレージが入っています」
「この4つのグループに分けたときに、どのような施策を考えますか?」

もちろん、ひとつの正解があるわけではありません。ただ、私が考えた一例はこうです。

量を上げるか、質を上げるか。難しいのは質のほうです。量については、いまの時代には合っていませんが、極論すれば根性で頑張れます。とくに、営業経験の少ない若手については、絶対に量を追求させたほうがいいと思います。

グループCの人たちは、質は高いけれども量が少ない人たちです。飴や鞭や何らかの演出をして頑張ってもらうのは簡単ですし、成果もあがりやすいのでグループAにもっていくのはそれほど難しくありません。これが優先順位のもっとも高い施策です。

グループDも同じです。このグループは量も質も低い人たちなので、まずは量を頑張ってもらうことによって、グループBにもっていく。これが優先順

位の2番目です。この移行したグループＤを含め、グループＢに滞留している人たちの質を上げるのが優先順位の最後になります。

　つまり、**まずは全体をグループＡとグループＢに集約するのが速効性のある施策。そのうえでグループＢをグループＡにもっていくのが遅効性の施策です。グループＢの全員がグループＡに移行できるわけではありませんが、一定数が移行すれば、グループＣからグループＡへの移行も含めて、営業パーソンの生産性をかなり高めることができるはずです。**

　これは量と質を一気に上げるのではなく、優先順位を決めて実践するというシンプルな話です。

　ただ、実際にやり始めると「いたちごっこ」「あちらを立てればこちらが立たず」のような状況に陥るものです。まずは頑張って量を増やそうとすると、量は増えるが質は下がる。次の課題として質を上げようとすると、質は上がるものの量を追えなくなる。このトレードオフが交互に訪れます。とはいえ、その停滞を経ながらも継続することで、やがてグループＡに収れんしていくものなのです。

　この話をすると、多くの企業は理解し、納得してもらえます。ただ、データがない。まずはデータを収集するところから始めなければなりません。このデータはきわめてシンプルなものなので、誰でも収集できます。

　電話であれば、IP電話と契約するだけで、架電の件数と時間のデータはすべて取れます。訪問件数にしても、営業パーソンが何件訪問したかを正確にカウントし、入力するだけです。

　質となる「率」も同様です。企業として、しっかりとした定義を決めるだけです。何をもって商談とみなすか、何をもって案件とみなすか。それを決めればデータは出せます。

知識 ⑤
「いつ・どこで・誰に会って」
「何を・どのように話すか」

営業の成果は次の点でほぼ決まります。

「いつ・どこで・誰に会って」
「何を・どのように話すか」

　正直に言えば、私を含めて営業パーソン個々にそれほど大きな能力の差はありません。顧客に話している内容を見ると、ほとんどの営業パーソンが同じようなことを言っています。ところが、よくよく聞いてみると、人によって微妙な違いや工夫が隠されています。これが「何を・どのように話すか」です。

　営業を要素分解すると、最終的には「いつ」「どこで」「誰に会って」「何を」「どのように話すか」にたどり着きます。だからこそ、この5つの要素それぞれについて向き合い、それらの精度を上げていくことが重要なのです。

「いつ」——顧客にとって最適な時期はいつか?

「いつ」は、つまり時期です。その時期にはさまざまな観点があります。

顧客の繁忙期を避ける

たとえば、**顧客ごとに繁忙期があります。その時期を避けるのは、営業パーソンとしてのマナーのひとつです。**

企業によっても、相手の部門によってもまちまちなので、共通する正解はありません。営業部門であれば、決算期に近づくにつれてノルマの達成に追いかけられるので、そのときに込み入った話をしても、頭には入りません。

税理士が顧客の場合は、2月から5月はほとんど連絡が返ってきません。2月から3月は確定申告の時期であり、加えて日本企業は3月決算が多く、決算は決算月の2ヶ月後までに締めなければならないため、この時期は税理士にとっての超繁忙期です。そのタイミングでアポイントの依頼は避けたほうが無難です。その代わり、5月で決算を締めたら翌6月からは余裕が出ることがわかっているので、その時期にコンタクトをとるのが望ましいでしょう。

対法人顧客で考えたとき、そもそも顧客の決算月を把握している営業パーソンがどれだけいるでしょうか。調べようと思えば、企業の登記簿謄本を見れば決算月ぐらいわかりますし、相手企業の分析にもつながるので、決算月を把握するに越したことはありません。

法人では職種も「いつ」に関係します。

相手が営業なのか、経理なのか、人事なのか。経理は決算月や月末・月初は繁忙期です。人事は新入社員を迎える4月は研修のため忙しくなります。採用は通年で行っているので、繁忙期と閑散期の波がある。担当

者ごとに落ち着いている時期を狙ってアプローチします。

　技術部門は、正直に言うと「いつ」を考えるうえでもっとも難しいと思います。繁忙期に一貫性がなく、それぞれに直接聞かなければわかりません。むしろ、それを聞くことで配慮がある営業パーソンとして評価され、どのような研究や開発をしているのか、どのような態勢で業務が行われているのかを把握するチャンスにもつながります。

アポイントの電話をいつかけるか?

　それらとは異なる観点で私が気にしている「いつ」は、**アポイントの電話をする時間帯**です。

　多くの営業パーソンを見ていると、「○時ちょうど」、つまりぴったりの時間に電話をかけている人がほとんどです。

　私は「○時ちょうど」という時間帯には電話をかけません。なぜなら○時ちょうどから予定を入れるのが一般的だからです。

　「10時からミーティング」

　「14時から来客」

　こうしたことから、ちょうどの時間にはつながらないだろうと考えるのです。私の場合は、つながりやすい時間帯として、あえて「○時50分前後」という中途半端な時間にかけます。

　経営者にアポイントの電話をかけるのは、始業時刻の9時より前のほうがつながる確率は高まります。多忙な経営者には、日中もつながらないことが多い。そして、さまざまな雑事に思考を巡らすために、朝早く出社していることが少なくないからです。そのタイミングはひとりの時間である可能性も高いので、あえてその時間を狙います。

　営業職をはじめ外出することが多い職種の人は、お昼休みに一度オフィスに戻ってくることもあります。もしくは、すべての外出が終わった夕方以降を狙うなど、相手がどのような行動特性や習性を持っているかを把握することが必要です。

商品導入のタイミングを考える

タイミングという意味での「いつ」もあります。

キーエンスの営業の主な業務は、基本的にはモノを売ることで、まったく新しい商品を新たに販売するケースと、すでに使用している商品をアップグレード版に代替するケースの2つを考えてみましょう。このとき、**新商品を導入するのは、企業によって適切な時期があります。また、アップグレード版に代替する場合、顧客が持っている旧型の商品がどのようなものかによってタイミングが変わります。**

最新のiPhoneの販売部隊が、1世代前のiPhoneを保有している顧客に営業しても、ほとんど成果は期待できません。機能的にそれほどアップグレードしているわけではないのに、高いお金をかけて入れ替える顧客は、マニアを除けばあまりいないでしょう。

これが正解かどうかはともかく、2世代から3世代より前の機種を持っている顧客に営業をかけたほうが、機能の差が大きいため、顧客を説得する材料が豊富になります。

キーエンスでは、商品ごとに営業をかけるタイミングも緻密に設定されていました。私はキーエンス時代にマイクロスコープを扱っていましたが、バージョンが3世代違うと、機能もかなり変わってしまいます。そこで、**3世代より前のバージョンを使っている企業をリストアップし、そこで挙がった企業をすべて回っていました。**文字にすると当たり前のようにも思えますが、この施策は大変有効でした。

顧客の予算取りの時期はいつか

中小企業はほとんど関係ありませんが、大企業や上場企業には「予算取り」という概念があります。これにも決算月が関係していて、3月決算企業の予算取りの時期は、一般的には12月から1月ぐらいと言われています。

　その場合、社内申請の期限となる12月や1月に営業に行っても遅いため、10月ぐらいから少しずつアプローチを始めます。

営業「来期の予算取りはいつごろですか？」
顧客「大体12月後半から1月ぐらいかな」
営業「そうですか。ではそれに間に合うように10月にお打合せの予定を
　　　入れさせていただけませんか」

　そんなトークで担当者とやり取りすることはありました。

　一方で、通期のタイミングを逃しても、半期の予算見直しの時期を把握し、そのタイミングで提案ができるように逆算して商談を組み立てていきました。

　企業によっては、予算が余ってその期に消化しなければならなくなったとき、駆け込みで購入するケースもあります。ただ、それは予算がたまたま余ったからであって、単なるラッキーパンチです。戦略的ではなく、再現性もないため、原理原則としての「いつ」には数えません。

　ただ、中小企業が決算直前で思いのほか多額の利益が出ることが確定した場合に限り、短期の節税ニーズが生じます。通年で利益をコントロールする意味での節税商品は、あまり「いつ」という概念にとらわれる必要はありません。それでも、短期の節税ニーズは決算月の確定数字が見え始める数ヶ月前からアプローチすると効果的です。

　もちろん「節税になるから」という文句で営業はしませんが、生命保険はこの時期が売れやすかったことは事実です。平準払いの商品によっては、保険料を損金に算入することもできるからです。たとえば、決算月にま

とまった利益が出てしまった場合でも、その月に1年分の保険料を支払えば、一定の割合で損金に計上できます。

そういう意味では、決算数字がなんとなく判明するころを見計らって訪問します。

営業「今期の売り上げと利益の着地は見えてきましたか?」

そんな探りを入れます。

顧客「いや、意外と利益が出ちゃいそうなんだよ」
営業「そうですか。今期はしっかり納税されるご予定ですか?」
顧客「いや、実は悩んでいて相談に乗ってもらえるかな?」

そういう流れになる場合も少なくありません。

大企業と中小企業のケースを挙げましたが、いずれにしても決算月は「いつ」にとっての重要な要素です。

「どこで」——提案に最適な場所はどこか?

みなさんは、カフェでコーヒーを飲んでいるとき、横で何らかの商談が始まったケースに遭遇したことはありませんか。

「○○さんは、将来の夢はありますか?」
「現在の年収はおいくらですか?」
「毎月、どのようなものに費用がかかっていますか?」

あまり他人には聞かれたくない個人情報を、隣席までの距離が近いカフェで話させるのは、いかがなものでしょうか。同じカフェでも、ホテルのラウンジのように隣席までの距離がある場所で話すのとはまったく違います。

むしろ、よくこの場所を設定したなと思ってしまうほど、場所の選定としては褒められるものではありません。

ただ、残念ながら本人は気づいていないのでしょう。営業に必死なので、隣に聞こえていることなど考えもしないのです。

どこが相手にとって望ましい場所なのかを考えられているかは、営業パーソンの大前提であると思っています。

顧客・商材ごとに最適な場所は異なる

その一方で、ホテルのラウンジのような堅苦しい場所より、むしろカフェのほうがいいという人もいないわけではありません。**商材や話の内容、相手のことをよく考えて、最適な場所を見極める必要があります。**

ホテルにしてもカフェにしても、その場所のどのスペースを確保するかも重要です。フロアのど真ん中の席を取るのか、フロアの端のほうの席を取るのか。常に人が通る場所なのか、自分たち以外に人が通らない場所なのか。その点もしっかりと考慮すべきでしょう。

これはBtoCの場合ですが、職場なのか職場ではないのかという選択もあります。なかには職場がいいという人もいます。仕事の合間に会話ができるから、時間が読めないから、仕事が終わったらすぐに自宅に帰らなければならないからなど、人によっては職場が便利なこともあります。

起業してから営業される側にもなった私の場合、フルリモートワークのため自宅にいることがほとんどです。多くの営業パーソンが「御社にお伺いしますよ」と言ってくれますが、ありがたいと思いながらも自宅に来られるのは困ってしまいます。リモート営業が増えてきた現在、そう感じる人がいることも考慮しなければなりません。

リモートかリアルか？

そのリモートとリアルの違いも「どこで」に関わってきます。

基本的に、顧客はリアルを好む傾向があります。そのため「この商談はあえて対面で」「この商談はオンラインで」と、私も使い分けています。

相手の業界や職種にもよりますが、コロナ禍を経て対面の価値が上がっています。とはいえオンラインを好む人もいるので、アポイントを取るときには確認すべきでしょう。

「対面かオンラインか、どちらがご希望ですか？」

明らかに対面が迷惑そうな場合は、こちらが対面を望んでもオンラインにします。どちらでも良い場合、もしくは対面を望む場合は、大事なアポイントほど対面にします。

顧客にしても、わざわざ来てくれた、足を運んでくれたというだけで、かつての対面が当たり前だった時代と比べて、感謝する傾向が強くなった印象があります。具体的な数字は定かではありませんが、リモートよりもリアルのほうが受注率も上がる感覚があります。日本人は、依然として対面を好む傾向にあるのは間違いのないところです。

営業は、大半が「いつ」「誰に」でほぼ決まると思います。

しかし、その点を丁寧に意識している営業パーソンは、あまりいないようです。キーエンスが成果をあげられたのは、「いつ」「誰に」を徹底しているからです。

先ほど挙げたiPhoneのバージョンのケースは、営業パーソンが個人として対処したものではなく、本社から降りてきた施策です。つまり、本社もそうしたデータを取ったうえで、それが有効だと判断したから現場に指示しているのです。

キーエンスほどデータドリブンな営業スタイルを取る企業は、私の知るかぎりほとんどありません。しかし精度の高いさまざまなデータ分析ツールが誕生したいま、データを活用しない手はありません。

「誰に」──意思決定のキーパーソンは誰か?

はじめに強調したいのは、**どのような立場の人に会うか**が重要という点です。

BtoBでは、決裁者に会ったほうがいいのか、担当者に会ったほうがいいのか。さらに広げれば、税理士や銀行員など顧客に影響力を持っている人に会ったほうがいいのか。

BtoCであれば、ご主人に会ったほうがいいのか、奥さまに会ったほうがいいのか。ひと口に「誰に」と言っても、さまざまなパターンが考えられます。

基本的には、BtoBもBtoCも意思決定者に会うべきです。BtoBの場合は決裁者です。キーエンスでは、常に決裁者のアポイント率もデータに取っていました。それほど、絶対に決裁者に会えというスタンスがあったのです。

ただし、そこには落とし穴もあります。決裁者に会うのはいいのですが、決裁者は現場感覚がわからないケースがほとんどです。そうなると、結局は担当者に回されることもあるので、二度手間になってしまうことも少なくありません。

ペア同席を取りつける

そこで、私が意識していたのは、いかに初回面談から決裁者と担当者を同席させるかという点です。キーエンスでは、それを「ペア同席」と表現していました。

もちろん最初の担当者にアポイントを入れることが基本ですが、なるべく上長などの決裁者が同席してくれるようにお願いするのです。

　「今回の商品ですが、できるだけ多くの方に見ていただきたく、可能であれば○○さんの上長の方にもご同席いただけないでしょうか」

　すでに担当者との間にそれなりの関係ができ上がっているときも、決めたい商談は、ストレートに決裁者の同席をお願いしていました。ただし気をつけたいのは、目の前の担当者との信頼関係です。あくまで担当者を尊重したうえで、上長の同席をお願いするようにしましょう。ペア同席は重要ですが、それよりも信頼関係のほうが重要です。その点はしっかり見極めて動くようにすることが大切です。

本質的な「推進者」を見極める

　BtoB の場合で重要なのは、**誰が本質的な「推進者」となり得るのか、それをしっかりと見極める**ことです。
　人によっては何の権限もないのに「私にすべて任せてください」と言う人がいます。ドライに聞こえるかもしれませんが、目の前の担当者に決裁権や推進力があるのかどうかは、客観的に見極めましょう。相手のプライドを傷つけないようにしながら、独自にキーパーソンを探る必要があります。
　私は担当者との会話のなかで、かつて自分の部署で何かを購入したという話になったら、すかさずこう質問していました。

　「そのときも、○○さん（担当者）が中心となって推進されたんですか?」

　そこで「そうです」と答えたら、まずは信じてもいいでしょう。ただ、キーパーソンを探すアンテナは立てたままにしておくべきです。逆に、自分ではないという答えが返ってきたら、そのときに推進した担当者の名前と部署

をしっかりと聞き出します。

どのルートがもっとも効率的で、かつ効果的なのか。それを考え、場合によっては担当者を飛ばしたほうがいいときは、果敢に決断します。その際も担当者と密なコミュニケーションを取り、遺恨を残さないようにするのは言うまでもありません。

相手の立場と利害を考慮して提案する

また、企業ごとに決裁者にたどり着くまでには、さまざまなルートがあります。たとえば営業支援システムの営業であれば現場の営業担当、営業マネージャー、営業企画、情報システム、役員など、あとからあとからいろいろな人が出てきます。

そして、担当者それぞれが気にするポイントが異なることに注意が必要です。

たとえば、営業担当者や営業マネージャーからすると、質の高いシステムを使って営業支援体制を良くしていきたいと考えます。しかし、情報システム担当者は、それとはまったく異なる考え方をします。新たなシステムを導入したことによって、何らかのトラブルが起きると自分たちの失策になります。それによって評価が下がるという減点方式の考え方が抜けないため、極力新しいシステムは入れたくないと考える傾向にあります。

それぞれの立場ごとに利害が異なるので、個々の状況を理解し、そのうえで「あなたの立場は理解している」という接し方と目線で進めていきましょう。

社内稟議を進めるうえでも、担当者に花を持たせることが重要です。それぞれの潜在ニーズも含め、決裁ルートや決裁に関わる人たちの人となりなど、あらゆることを把握しておくのがベストです。

AさんとBさんは仲が良いけれども、BさんとCさんは仲が悪い。ドラマや漫画で出てくるようなことが、実際の現場でも日常的に起こります。顧客の内部の相関図のようなものも、できれば把握しておいたほうが、いざというときに役立ちます。

　私も、かつては自分で相関図を作成していた時期がありました。この顧客はどこから攻めれば効率的で、どの人の影響力を使えば効果的に進められるのか。それがわかれば、最短ルートで成約にたどり着けるからです。

意思決定者に対して大きな影響力を持つ人を探す

　顧客に影響力を持つ外部の人は、税理士やメインバンクの銀行員であることはすでにお話ししました。この場合でも、中堅・中小企業と大企業では話が変わってきます。

　そもそも、上場企業をはじめとする大企業は、税理士からの影響はほぼありません。銀行からは倒産の危機に直面した場合などを除き、平時ではほとんどありません。

　一方、中堅・中小企業の場合は、税理士や銀行員などの影響力が及ぶこともあります。業界によって、あるいは地方に行けば行くほどその傾向が強くなります。

　たとえば不動産をはじめ、金額の大きな商材を扱う業界の場合、銀行の影響力が強い傾向にあります。ほかの業種では資金調達のバリエーションもいろいろありますが、不動産業界は物件をはじめとした商材を仕入れるための資金を銀行借り入れに頼っているからです。

　外部からの影響力のひとつとして、家族の影響も考えられます。これはとくにBtoCのケースに多く発生し、それを無視すると痛い目に遭うこともあります。

　ご主人が強いのか、奥さまが強いのか、それぞれの家庭によって如実

に異なります。プルデンシャルのような保険営業の場合、まずはそれを探ったうえで、ご家族の影響がないかも気にするようにしていました。

高齢者であれば息子、娘。若い人であれば母親、父親などが考えられます。ただ、私の経験からすると、高齢の顧客が息子さんや娘さんから影響を受けるより、若い人が親からの影響を受けるケースのほうが断然多かった記憶があります。

20代の若い人に保険の営業をしていると、多くの人が生命保険に入ることなど考えたこともないと言います。だから、もっとも身近な人生の先輩である親に、プライベートに関わる保険の相談をするのです。

私は初回の面談で、物事の意思決定を自分で行うタイプなのか、周りの人に相談したりアドバイスを仰いだりするタイプなのかについて、それとなく確認するようにしていました。

営業「最近、何か高額の買い物をしましたか?」
顧客「就職して、はじめてのボーナスをもらったので、使いましたよ」
営業「そうですか。どういうものに使われたんですか?」
顧客「この前は、○○を買いました」
営業「すごいですね。高い買い物をするとき、すべてご自身で決められるのですか?」
顧客「ええ」
営業「まだまだお若いのに、自立されてますね」

しかし、人によっては違う答えが返ってくることもあります。

「いや、親と同居しているので、一応、確認はしていますね」
「最近、親に○○を買ってあげました」

そんな言葉が出てきたら、自分だけで意思決定をしていない可能性もあ

ります。最終的には自分で判断するにしても、親の影響力は無視できない可能性があるのです。

「何を・どのように」——
いかに論理を用いて感情に訴えるか

「何を」と「どのように」は、セットで考えるべきでしょう。

プルデンシャル時代、私はほかの営業パーソンとは違うと思ってもらえるような内容を話しました。それは、たとえば会社案内です。**営業パーソンによって、会社案内をする人としない人に分かれていましたが、私は新規顧客に対しては絶対にするタイプ**でした。

その理由は、差別化を図るためです。

保険商品は、他社との違いがほとんどないコモディティ商品です。商品での差別化ができないのであれば、ほかの要素で差別化しなければなりません。会社案内をする人も少なく、ましてや保険業界の成り立ちや歴史、どのような紆余曲折を経ていまに至るのか、そうした内容を話している人はほとんどいません。そこで私は、冒頭に軽く話すようにしていました。それが顧客に対して専門家であることの演出になったからです。

もうひとつの重要な要素は、**顧客に「伝える」と「伝わる」の違い**です。これはプルデンシャル時代に扱っていた「家族収入保険」という保険を説明するケースでお話ししましょう。

「この保険は、○○さんに万が一のことがあったときに、○○さんが60歳の年齢になるまで毎月20万円がご遺族に支給される保険です」

こう説明すれば、最低限の商品の特徴は伝わると思います。一方、もうひとつのタイプの説明もしてみましょう。奥さまも同席している前提です。

営業「〇〇さんのお給料日は、毎月何日ですか?」

顧客「25日です」

営業「25日ですね。あまり想像したくないかもしれませんが、万が一〇〇さんが不慮の事故に遭われて、仮にお亡くなりになったとしましょう。そのとき、奥さまはどんな不安がありますか?」

顧客「いや、そんなこと考えたくもないです」

営業「わかります。でも、そうなったときに〇〇さんのお給料はなくなってしまいます。そうなったとき生計はどのように立てていかれるおつもりですか?」

顧客「私が働くしか……」

営業「そうですよね。でも、おひとりで旦那さまの稼いでいた金額を得るのは大変ですよね。そのとき、もしこの家族収入保険に入っていれば、〇〇さんが天国に旅立たれてからも天国からのお給料のように毎月25日に20万円の保険金が振り込まれるんです」

どちらも、伝えている内容は変わりません。ところが、同じ内容でも「何を・どのように」話すかによって、顧客の受け止め方はまったく変わります。

人間は論理だけでも動かないし感情だけでも動かない

営業には、論理的な説明と感情に訴える説明が求められます。

「論理」に訴える説明は、商品・サービスの特徴、実績・統計データによるメリットの提示、コスト削減や売り上げアップといった費用対効果をはじめとするベネフィットなどを指し、顧客の合理的な判断を促します。

それに対して**「感情」に訴える説明とは、商品・サービスの活用シーンやストーリーを想像してもらうように訴えかけることで、提案する商品・サービスにポジティブな感情を抱いてもらう営業**を指します。実際の顧客の声などを紹介し、いつ・誰が・どのようなシーンで・どんな喜びがあったかを間接的

に感じてもらうようにします。

　保険を例にした次の①から③のアプローチのなかで、あなたはどの提案から買いたいと思うでしょうか。

①論理的アプローチ

　この保険は、月々1万円の保険料で、万が一の際に毎月20万円の保険金が60歳になるまで支払われます。年間12万円の投資で、将来的には大きな保障を得ることができます。これにより、ご家族の生活を守ることができるため、ぜひご検討ください。

②感情的アプローチ

　万が一のことがあった場合、残されたご家族のことを考えると心配ですよね。この保険に加入することで、万が一の際にもお子さまの教育費や生活費をしっかりサポートできます。ご家族に対する愛情と責任を形にするひとつの方法として、ぜひご検討ください。

③論理的×感情的アプローチ

　万が一のことがあった際に、残されたご家族がいまのような生活ができなくなったり教育を受けられなくなったりしたらどう思いますか？
　この保険は、月々1万円の保険料で、万が一の際に毎月20万円の保険金が60歳になるまで支払われます。突然ご主人の給与がなくなっても、毎月天国からのお給料代わりとして20万円の保障があれば、ご家族の生活は維持できるのではないでしょうか。安心して生活していただくためにも、ぜひご検討ください。

　おそらく、多くの方は③のアプローチが良いと思うのではないでしょうか。
　①の機能や性能、メリットを中心に説明した「論理的な提案」では、人間の心を動かすまでには至らず、②の感情一辺倒だと、活用シーンはイ

メージしてもらえるものの、曖昧な印象は拭えません。

だからこそ、③のように**「論理を用いて感情に訴える提案」**をすることが重要なのです。

この「論理を用いて感情に訴える提案」には３つの重要なポイントがあります。

ひとつ目は、相手のニーズを深く理解することです。相手のニーズに合致していないと論理的にも感情的にも響きません。２つ目は、論理と感情のバランスを保つことです。論理に訴えるデータや事実を提示するタイミングと、どのタイミングで感情に訴えるかのバランスが大切です。３つ目は、ストーリーで伝えて、相手の感情に訴えることです。

私は、プルデンシャルでの保険営業を通じていかに論理を用いて感情に訴えるかについて深く学びました。給料の代わりということで、顧客の感情は揺れるでしょう。さらに、夫が亡くなったあとの生活が成り立つかどうかという不安に対し、遺族年金と自分が多少働いて稼ぐ金額に加え、保険金として毎月20万円があれば、どうにかなりそうだということを、物語として伝えてあげることで相手はより想像しやすくなります。

相手の感情に訴え、より具体的なイメージを持ってもらうことは、とくに無形商材を売るうえでは欠かせません。

頭では「生活が困るだろうな」「ある程度のお金があったほうが助かるよね」ということはわかっていても、現実味がないのでイメージは湧きません。とくに、万が一に備える保険という商品は、何かが起こってしまったときのことをうまく想像してもらう必要があります。

多くの場合、自分では相手に伝わっていると思っていても、実際には伝わっていないケースがかなりあります。「伝える」と「伝わる」では、まったく違うことを理解すべきです。

なお、論理を用いて感情に訴えるスキルには、ストーリーテリングがあります。スキルについては第４章で詳しく書いているので、気になる人は先

に読んでみてください。

基本的な欲求に訴えかける

　人間は、論理的、合理的な人でも、最後は感情で動いています。それは、先ほどの夫婦のようなBtoCのケースだけでなく、BtoBでも起こっています。

- ○ 認められたい
- ○ 大切な人だと思われたい
- ○ 精神的にも経済的にも安心したい

　これは、多くの人が共通に抱えている欲求です。だからこそ、商談ではその欲求をさりげなく意識させるようなアプローチを心がけていました。

BtoBの商談で向き合う担当者は、企業の一員としてピラミッド構造のなかで意思決定をしています。その担当者が抱く感情のひとつに「上司や組織に認められ、評価されたい」というものがあります。そして、それが昇進のきっかけにつながることを期待しているのです。

　先ほどお話ししたように、顧客を顧客以上に知るという前提に立てば、その感情に寄り添い、評価につながる提案を意識することが大切です。

「昇進するにあたって、どのような点が評価のポイントになるんですか?」

　担当者がそれを口にするかどうかはともかく、把握する努力はしたほうがいいでしょう。たとえ聞くことができなかったとしても、営業パーソンとして自分が持っている商材が、担当者の評価アップのためにどのように関連づけられるか、そこを把握しておくことは重要です。

　たとえば、営業支援システムの営業であれば、営業企画部門が担当になるケースが大半です。多くの営業企画部門の課題は、組織の営業部隊

数百人、数千人の生産性を上げることです。そのために彼らは本を読んだり、人に聞いて回ったりしながら試行錯誤しています。だから、あえてその部分に触れるのです。

「○○さん、営業企画に来られてどれくらい経ちますか？　もう2年も経つのですか。これまでいろいろな施策を打たれてきたと思いますが、順調に進んでいますか？」

そこで、何も問題ないと答える人は、あまりいません。

「そうですよね。試行錯誤されながら、いろいろとやられていますよね」

必ず、何か足りない部分が相手方にはあるはずです。

「○○さんのような営業企画の方は、おひとりでいろいろやらなければならない立場にいらっしゃると思いますが、実際は、それはかなり厳しいと思います。私たちは、○○さんが賄いきれない部分を、外部の伴走役という形でお手伝いしたいと思っているんです」

そう表明すれば、相手方の見方や捉え方は変わってきます。つまり、営業企画の担当者は、ミッションを実現するにあたって自分ができないところをアウトソースして助けてくれるのであれば、仲間であり、伴走者であり、パートナーとみなしてくれる可能性が高まるのです。

「○○さんがいま、目指しているゴールはどこですか？　現状はどこにいますか？　そこにギャップがありますよね？　そのギャップを埋める作業のお手伝いをさせていただけませんか？」

このような投げかけをすることが大切です。

営業は顧客の「理想と現実のギャップを埋める」ためのパートナー

　顧客には現状があり、自身の理想とする姿があり、その差（ギャップ）となる部分に課題があります。すでにお話ししたように、その課題を自社の商品やサービスでいかに解決するかが営業の原理原則である顧客の課題解決です。そのプロセスをしっかりとたどれば、論理も感情も満たすことになるはずです。

　仲間である、伴走者である、パートナーであるという感覚は、**顧客と営業パーソンが対面して築く関係ではなく、並んで同じ方向に進む関係**をイメージさせます。それこそが感情です。

　営業パーソンは、情報の非対称性に基づいてティーチングスタイルになってしまう人が多いのですが、そうなると、ベクトルは営業パーソンから顧客に向くものだけになります。むしろ、**営業パーソンと顧客の間には双方向にベクトルが向いているコーチングスタイルが望ましいと思います。**顧客から見れば、自分が抱えている課題に気づかせてくれて、親身になってその課題を解決に導いていこうとしてくれている人に見える。そうなれば、顧客の側にも仲間意識が芽生えてきます。

　営業パーソンは、販売のプロではなく、課題解決をするプロです。その分野の専門家として本当の意味で顧客の課題解決ができるようになれば、自然と契約に結びつくはずです。

　いま、あなたはこんなクロージングをしていませんか。

「契約してください」
「買ってください」

それでは、成果はあがりません。むしろ、顧客からこう言われるような営業をしなければなりません。

「契約させてください」
「買わせてください」

　そのためにも「何を・どのように」話すかについて、もっと深く考える必要があるのです。

知識 ⑥
BtoBとBtoC、
有形商材と無形商材に
おける営業の考え方

営業とひと口に言っても、さまざまな形があります。

- BtoB
- BtoC
- 有形商材
- 無形商材

この４つのセグメントが主なものです。**どのような営業スタイルであろうが、これまでお話しした営業の原理原則は変わりません。**

ただ、営業活動をするうえで、多少の違いは出てきますので、その点について見ていきましょう。

BtoBかBtoCか

まずはBtoBとBtoCの違いから見ていきましょう。

最大の特徴は、**BtoBのほうが契約に至るまでに介在する関係者が多**

いことです。商品やサービスの単価にもよりますが、担当者、マネージャー、上席役員、場合によっては間接部門とその役員などが絡んできます。厳密には、大企業のほうが組織が細分化されている分、介在者が多くなる傾向にあります。対して中小企業やスタートアップの場合は、人が少なくそこまで組織が細分化されていないケースが多く、介在者も限られた数のため意思決定が早い傾向にある、という特徴もあります。

　営業の難しさのひとつは、介在する関係者の立場や役職によって、営業パーソンに求める内容が変わってくることです。それぞれのポイントをしっかり把握し、そのケアに力を傾ける必要があります。

　営業は感情を揺さぶることが大切だと言いましたが、BtoBの場合は感情だけでは物事は動きません。論理のほうを重点的に充実させなければ、契約には至りません。

　一方、BtoCの場合は家庭内における判断になるので、基本的にはご主人か奥さまか、どちらかの心を掴んでしまえば契約に至るシンプルさがあります。論理と感情の割合も、BtoBに比べれば、感情による意思決定が大幅に高くなります。

　法人として購買に関わっている人は、BtoBの立場になると購入する理由を明らかにした稟議書を作成し、競合他社と比較したうえで意思決定します。ところが、一歩オフィスを出ると、街を歩いていて気になるものに出会った瞬間に「なんとなく良さそうだから」という理由だけで衝動買いをしてしまいます。BtoCでは、それほど感情で動いているのです。

有形商材か無形商材か

　有形商材と無形商材の違いも考えてみましょう。

　有形商材のセグメントには商品という「モノ」があるので、顧客はそれを見たら自分の課題解決に値するかどうか判断しやすい面があります。

　キーエンス時代の私であれば、マイクロスコープという「モノ」があった

ので、課題を解決するためのデモを見せることができます。それを見れば、顧客はクリアなイメージを持つことができます。

　自動車も同じようなものです。外観を見て、スペックを確認して、実際に試乗したら「モノ」の良し悪しを実感しやすいでしょう。

　しかし、無形商材には目に見えて触れることができる「モノ」がないので、具体的なイメージを持ちにくい。だからこそ、より説得力のある説明が求められるのです。

　私の場合は、プルデンシャル時代がそうでした。保険という無形商材を扱っていたため、営業パーソンとしての説明力、説得力が鍛えられました。

　両方を経験した身からすると、**BtoBの無形商材がとくに難しい**と思いました。BtoBはただでさえ関門が多く、ハードルが高いのに、イメージしにくい商材をどのようにして顧客に理解させるかが問われます。

　BtoCで安定した成果をあげている人でもBtoBで苦労するのは、このように求められる営業のスタイルが異なるからです。

新規顧客か既存顧客か

　この4つとは異なるセグメントに、新規取引先への営業か既存取引先への営業かという観点もあります。

　新規取引先と既存取引先が明確に違うのは、先述した不信の壁の質が変わる点です。

　既存取引先は、すでに不信の壁をクリアしたからこそ取引が行われているので、こちらに大きな変化がない限りは、不信の壁を乗り越えるための努力は不要です。しかし、新規取引先は確実に不信の壁が存在するので、そこから丁寧に進めていく必要があります（とはいえ、既存取引先でもフォローアップがしっかりできていなければ不信の壁は復活するので、注意が必要です）。

　もちろん、既存取引先でも新たな課題を掘り起こすことができなければ、

追加の契約はなかなか取れません。単純に解釈すると、既存取引先のほうが簡単そうに見えますが、逆に既存取引先のほうが難しい側面もないわけではありません。

その気軽さから、既存取引先のルートセールスがただの御用聞き営業になってしまっている営業パーソンがきわめて多いのが現状です。顧客からすると、何も価値を生んでくれないのにただやって来る営業パーソンに対して、だんだん迷惑に感じることもあります。

「この前も会ったし、話も聞いたから、当面は来なくていいよ」

そう思われてしまった時点で、営業パーソンとしては致命的です。

「この営業パーソンは、来るたびに自分のためになる新しい情報を持ってきてくれる。だから会いたい」

顧客にそう思ってもらわないと、既存取引先から成果をあげるのは難しいでしょう。訪問頻度も含めて、それが既存取引先のポイントになります。

知識 ⑦
顧客に信頼されるための
3つの知識

　営業のステップを踏むことはもちろん重要ですが、その前提として顧客から信頼される営業パーソンになることも同じように重要です。そのために必要な知識は、次の3つです。

①業界知識

　顧客は、営業パーソンの属する業界の歴史や特徴、動向などを知りません。自社商品だけでなく、所属する業界にも詳しいことで、専門家としてみなされることが多くなり、信頼されやすくなります。

②商品知識

　顧客は、あなたが取り扱っている商品やサービスについて知りません。顧客は自身の課題解決にその商品やサービスが最適であるかを判断したいと思っています。そのためにも、あなたに対して深い商品知識を求めます。

③競合知識

　顧客は、あなたの商品やサービスと競合する商品やサービスについて知りません。競合優位性を明確にすることで、顧客にとってはなぜあなたの

提案する商品やサービスが最適なのかが明確になります。

　これらの知識について、企業として教育しているところは意外にも少ないのです。いずれは企業主導で取り組むべきですが、それを待っていても埒が明かないので、個人的に勉強して知識を獲得するしかありません。

　一例として、自動車業界で身につけるべき3つの知識をブレイクダウンしてみましょう。

①業界知識＝「歴史」「業界マップ」「トレンド」という3つの観点

　　歴史
　　　　○ 自動車の誕生から量産化に至る過程
　　　　○ 日本における自動車の普及の歴史
　　　　○ 密接に関わる自動車関連産業の歴史
　　　　○ 昨今のＳＤＧｓとクルマ社会の関連

　　業界マップ
　　　　○ メーカー別生産台数の推移
　　　　○ 日本車・欧州車・米国車それぞれの特徴
　　　　○ 国内、海外の勢力図

　　トレンド
　　　　○ 2010年代までと2020年代以降のトレンド変化
　　　　○ 脱ガソリンについて

②商品知識＝「商品」「市場」「実績」という3つの観点

　　商品
　　　　○ メーカーごとの車体の特徴
　　　　○ 外部パーツの種類と特徴
　　　　○ ローン・残価クレジット・リースなど導入方法の種類と内容
　　　　○ 点検・サポート体制の状況

市場

- ○ 新車市場について
- ○ 中古車市場について
- ○ 日本車市場について
- ○ 輸入車市場について

実績

- ○ 自社の実績（年代別・居住地別・年収別など）
- ○ 納車後のお客さまの声

③競合知識＝「ポジショニング」「特徴」「比較」という3つの観点

ポジショニング

- ○ 正規ディーラー・サブディーラー・中古車ディーラー
- ○ 中古車ディーラー内のポジショニング

特徴

- ○ 取り扱い商品
- ○ 価格
- ○ メンテナンス
- ○ 体制
- ○ 保障

比較

- ○ 項目ごとの競合他社との優劣

　これは自動車業界に限った内容です。ただ、それぞれの業界には身につけておくべき知識がいくつかあります。なかでも、ここに挙げたような重要な観点で全体を見渡し、あなたの属する業界で知っておくべき情報を網羅してください。

すべての知識を備えてこそ
顧客の信頼を勝ち取れる

　多くの企業も営業パーソンも、商品知識については充実していますが、**業界知識と競合知識が抜け落ちている企業や営業パーソンが少なくない傾向があります。すると、顧客はプロフェッショナルなイメージを持てません。**

　プルデンシャルは3つの知識を非常に丁寧に教えていました。それを身につけるだけで、一気に業界のプロフェッショナルであるイメージを確立でき、顧客からの信頼を得ることができます。とくに、コモディティ化している商品を扱う営業パーソンにとっては、専門知識が差別化するチャンスになるのです。

　むしろ、顧客から見れば営業パーソンは専門知識を持っていて当たり前です。3つの知識のいずれかでも欠けてしまうと、この人と契約していいのかと不安にさせ、不信の壁が乗り越えられなくなるのです。

顧客の「業界知識」「商品知識」「競合知識」を知る

　ここまでは、自社についての知識という観点からお話ししました。もうひとつ重要なのが、顧客の知識という観点です。

　つまり、顧客の「業界知識」、顧客の「商品知識」、顧客の「競合知識」を知ることが重要です。これも、多くの企業と営業パーソンが見落としている点です。

　顧客の業界知識を知らずに顧客の潜在ニーズは探せません。それに、顧客にプレゼンするときに、顧客の競合先の社名を出すだけでも、この人はわかっているという評価につながります。「御社が競合となるＡ社からシェアを獲得するには、今回、私たちが提案する商材を使ったソリューショ

ンが大事なんです」という投げかけが、決め手になる可能性だってあります。

　知識は顧客からの信頼を得るためという文脈でも必要ですが、潜在的な課題を抽出するうえで必要不可欠でもありますから、しっかりと押さえておくようにしましょう。

知識 ⑧
顧客から信頼されるための
対話術

　不信の壁を乗り越え、顧客から信頼されるために、営業パーソンは「話す」と「聞く」の割合をどのように考えればいいのでしょうか。

　初回の面談では、現状認識やありたい姿、課題の明確化が中心になります。そうなると、どうしても顧客に語ってもらわなければ話が進みません。**営業パーソンは「話す」を3割、「聞く」を7割ぐらいにするのが理想的です。**

　ただ、顧客の潜在的な課題を炙り出したあとの提案の段階では、さすがに営業パーソンが話すことのほうが多くなります。商談のプロセスごとに、「話す」と「聞く」の割合を意識し、その都度変えていきましょう。

　陥りがちなのは、自分では「話す」を3割、「聞く」を7割にしたつもりでも、客観的に聞いてみると「話す」が7割になっている状態です。それを客観的に確認する手段は、同行者がいるときか、ロープレのときしかありません。ただ、いまはオンラインでの商談も増えているので、その場合は録画すれば自分の営業を客観視できます。とはいえ、自分の営業を客観視できる機会はなかなかないので、少ない機会を最大限に生かしましょう。

営業にとっての〝聴く〟力

さて、その「きく」に関しても、3つの姿勢があります。

①聞く(hear)

相手の話を「音として受け取る」こと。とくに深い理解や反応を示すわけではなく、ただ話を聞いている状態。

②訊く(ask)

相手に対して「質問をして答えを求める」こと。相手の考えや状況を具体的に知りたい場合に用いられる。

③聴く(listen)

相手の話に耳を傾け、注意深く「感情や意図を理解しながら聴く」こと。単に言葉を聞くのではなく、相手の話の背景にある感情や価値観、ニーズに焦点を当てる。

3つの「きく」のなかで、営業パーソンにとってもっとも重要なのは**「聴く」**態度です。**受動的でもなく、詰問でもなく、相手の話に耳を傾ける「傾聴」が大事**なのです。これは、聴くことの内容はもちろん、態度もすべて信頼につながります。

そもそも、営業は顧客の課題解決をする役割を担っています。相手の考えていること、話していることを傾聴し、理解し、解釈し、それに対して何を言うかが問われます。それが、顧客の潜在ニーズを汲み取る直接のきっかけになるからです。

人は「この人は自分の話を聴いてくれる」「この人には何を話しても大丈夫そうだ」と感じたときにはじめて、正直に自分の考えや気持ちを表現できます。

これを実現するのが「アクティブリスニング」という方法です。

- 集中して聴く
- 話を遮らない
- 批判、判断、評価をせず、何でも受け入れて聴く
- 言葉だけでなく、感情や気持ちも聴く
- 共感的に聴く
- アドバイスをしない

アクティブリスニングで重要なことは、顧客にこう思ってもらうことです。
「この営業パーソンは、自分の意見や考えを受け入れようとしてくれている」
敵ではなく味方、仲間、サポーターである態度を表明することが、アクティブリスニングで実現できるのです。

第3章 まとめ

☐ 知識、スキル、習慣・管理、心構えの４つの要素について、高い基準で理解し体現していくことが営業の基礎として重要。

☐ 営業パーソンは販売のプロではなく、課題解決のプロである。売る意識ではなく、顧客の課題をどうしたら解決できるかを考えよう。

☐ リードセールスではなくニーズセールスをしよう。

☐ 営業には、不信・不要・不適・不急という４つの壁があり、商談プロセスのなかで乗り越えていく必要がある。ただし、不信の壁は常に存在している。

☐ 営業の成果を最大化するためには「量」と「質」の掛け合わせが重要。量と質を客観的な数値（データ）で把握し、バランス良く伸ばそう。

☐ 「いつ・どこで・誰に会って」「何を・どのように話すか」を真剣に考えよう。

☐ 営業に必要な知識のなかでも重要なのが業界知識・商品知識・競合知識の３つである。

☐ 営業がうまい人は「話す」のがうまいのではなく、「聴く」のがうまい。

The Principles of
Sales for Sustained
Success: Skills

成果を
あげ続けるための
営業の原理原則
【スキル編】

スキル ①
信頼関係構築のための
会話スキル
〜ラポールの形成〜

みなさんは、顧客との信頼関係をどのように構築していますか。

信頼関係を築く会話スキルは、商談プロセスを通じて必要になります。

ラポール

ラポールという言葉を聞いたことはあるでしょうか。もともとは心理学の分野で発展した概念で、人との関係において信頼感や共感といった心を通わせた状態を表す言葉として知られ、そこからビジネスにおいても重要な要素として用いられるようになりました。

このラポールの形成（信頼関係の構築）には次の3つの原則があります。

理解
- 自分のことを理解しようとしてくれる人を信頼する
- 営業パーソンの判断・評価・解釈・正論などは不要

尊重
- 自分の大切にしているもの・ことを尊重してくれる人を信頼する

  ○ 生き方や原体験、価値観やポリシーを尊重する

共感

  ○ 自分の価値観・趣味・好みに共感してくれる人を信頼する
  ○ 趣味や好み、出身地、価値観などが共通すると共感が生まれる

　当たり前のことのように見えますが、はじめから自分が薦めたい商品やサービスの話をしてしまう人も多く、このステップをおろそかにしています。
　ポイントとしては、商談相手との共通点を見つけることが挙げられ、これが最短距離です。たとえば家族構成などがいいかもしれません。

「お子さんいらっしゃるんですね」
「子ども同士の年齢も近いですね」

　ほかにも趣味・週末の過ごし方、出身地、出身高校・大学、前職・職歴、社内の役割などもいいでしょう。
　はじめはどこに共通点があるかわからないので、探りながら会話を進めていきます。それが見つかると、理解、尊重、共感につながりやすくなります。

　このようにラポールは、人間同士の対話を通して築かれるものです。
　営業の場面でも使えるラポールの形成を助ける会話スキルには次のようなものがあります。

  ○ ネームコーリング
  ○ ペーシング

　それぞれ詳しく見ていきましょう。

ネームコーリング

信頼関係構築のための会話スキルのひとつ目は「ネームコーリング」です。
格好良く言っていますが、要は名前で呼びかけることです。営業パーソンから「お客さま」と呼ばれるより、名前で呼ばれたほうが、親しみが湧きます。格式の高いホテルや高級旅館などは、はじめから名前で呼んでくれます。人は、お客さまという「記号」より、自分にしかない名前で呼ばれるほうが、尊重されているように感じるものです。これがネームコーリングです。

私も商談中には、意識して顧客を名前で呼びます。これは営業パーソン側にも「名前を呼び続けることで記憶に残りやすい」というメリットがあります。

とくに一対一の商談ならまだしも、一対多の商談のときは、出席者すべての名前を即座に覚えるのは至難の業です。そこで、名前を呼び続け、自分の記憶に刻んでいくのです。具体的には座席の通りに名刺を並べ、それとなく見て確認しながら呼びかけていました。名前を呼ばれて気分を悪くする人はいないはずです。

ペーシング

続いての会話スキルは**「ペーシング」**です。ペーシングには次の3つがあります。

- ○ バックトラッキング
- ○ ミラーリング
- ○ マッチング

それぞれ見ていきましょう。

バックトラッキング

相手の言葉を繰り返したり、言い換えたりすること（言語的な部分の模倣、とくに相手の言葉を意識的に使う）

【やり方】

相手の言葉をそのまま、もしくは言い換えながら返す

【効果】

自分の話を聞いてもらえているという安心感を与える

否定や拒否といった抵抗感をなくし、肯定的な感覚を与える

共感したり同調したりしてくれているという友好的な印象を与える

ミラーリング

相手の言動、表情、姿勢などを総合的に真似ること（非言語的な部分も含めた全体の模倣）

【やり方】

相手の使った言葉を繰り返したり、言い換えたりする

相手の表情、姿勢、ジェスチャーを真似る

相手の呼吸や話すペースに合わせる

【効果】

相手の言動を真似ることで、「私はあなたを理解しています」というメッセージを伝え、共感を深めることができる

相手のペースに合わせ、同じ波長で会話することで、コミュニケーションがスムーズに進む

相手の表情や動作を観察することで、相手の心の状態をより深く理解することができる

マッチング

相手の声を中心とした非言語的な聴覚情報を合わせること（非言語的な行動の模倣、とくに声の大きさやテンポなど聴覚情報に焦点を当てる）

【やり方】

相手の声のボリュームに合わせる

　　相手のテンポに合わせる

　　相手の声の高さや低さなど、トーンを合わせる

【効果】

　　自分と波長が合うと感じてもらえ、共感が生まれる

　　相手の警戒心を取りのぞき、安心感を与えられる

　バックトラッキングに関しては、たとえば相手から「今日は楽しかったなあ」と話しかけられたら、こちらは「楽しかったですね」と返します。とくに初対面のときは、まだ信頼関係が築けていません。そういうときは意識的にバックトラッキングをすると、相手は無意識のうちに友好的な感情を持ってくれるはずです。

　商談が始まれば、相手に自分の現状や課題をさらけ出してほしい。しかし、まだ信頼関係が築けていなければ、「この人に言って大丈夫だろうか」「あまり言いたくないな」と思われます。その手前の段階でバックトラッキングをすることで、話しても大丈夫そうだと思ってもらえることが大切なのです。

　ミラーリングでは、相手が笑顔であれば、笑顔で返します。相手が悲しそうな表情をしていたら、こちらも悲しそうな表情をします。まるで鏡に映し出したように、同じものをつくります。相手は自分の心情と同じものをこちらの表情や態度から感じるので、無意識に友好的な感情を抱くようになります。ミラーリングができないと、無意識に敵対的な印象を持たれてしまいます。

　最後のマッチングについては、相手の話すボリューム、テンポ、トーンに合わせることです。相手が早口なのに、こちらがゆっくり話すとイライラされますし、相手がゆっくりなのに、こちらが早口で話すとついていけないと思われてしまいます。相手からすると、無意識のうちに自分と波長が合うと感じやすくなり、自分と雰囲気が似ている人だと思ってもらえるのです。

営業はコミュニケーションです。世の中の問題の大半は、コミュニケーション不全で起こっています。一人ひとりがこうしたことを意識すれば、さまざまなトラブルは減ると思います。

　これらラポール形成のための会話スキルは、場合によっては相手にはわざとらしく映り、逆効果になってしまう可能性もあります。自然と利用できるようになるためには、日常のコミュニケーションでも意識して使っていくといいでしょう。

スキル ②
顧客の真の課題を引き出す
ヒアリングスキル

　ここからは、顧客の真の課題を引き出すためのヒアリングスキルです。

　以前お話しした４つの壁のうち、不要の壁の攻略の鍵を握るのがヒアリングスキルです。

　図21のように、顧客は４つのカテゴリーに分かれています。縦軸が必要性のニーズ、横軸が最適かどうかのウォンツだとしたとき、スタートは左下の「不要×不適」です。顧客はまだその商品やサービスが必要だと思っていませんし、解決策が最適だとも思っていません。解決すべき問題や課題に気づいていない状態で、これを**「まだまだ客」**といいます。まだまだ客には、まず不要を必要と感じてもらうのが最初にやるべきことです。

　右下の「不要×最適」は、顧客がその商品やサービスの機能や性能は理解しているものの、需要が高くない状態です。このゾーンにいくら提案しても、根本的にはまだ不要だと思っているため、トップクラスの売れる営業でも攻略するのは難しいでしょう。

　これを**「そのうち客」**といいます。売れない営業は、顧客が必要と思っているかどうかを無視して自社のソリューションを提案しがちです。それで

図21 不要と不適のマトリクス

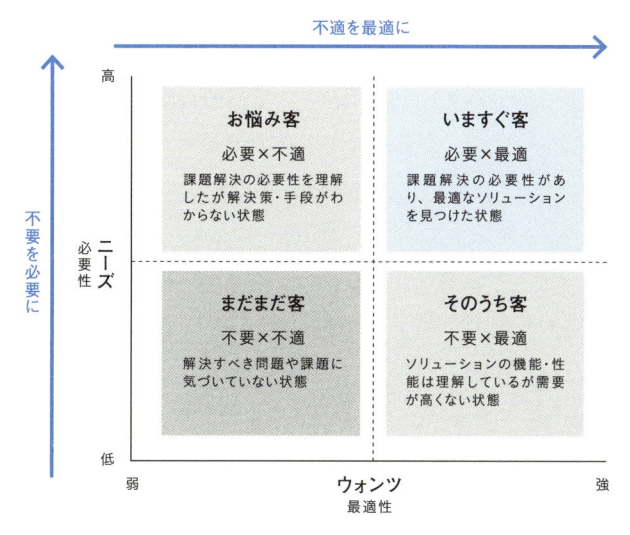

売れる営業は、「不要」を越えてから「不適」を越える

不適を最適に →

お悩み客
必要×不適
課題解決の必要性を理解したが解決策・手段がわからない状態

いますぐ客
必要×最適
課題解決の必要性があり、最適なソリューションを見つけた状態

まだまだ客
不要×不適
解決すべき問題や課題に気づいていない状態

そのうち客
不要×最適
ソリューションの機能・性能は理解しているが需要が高くない状態

不要を必要に

ニーズ
必要性

高 / 低

ウォンツ
最適性

弱 / 強

は、顧客に刺さるはずがありません。まずは不要を必要に変えることに全力を注ぎます。

　左上の「必要×不適」は、課題解決の必要性を理解したものの、解決策・手段がわからない状態です。これは**「お悩み客」**といいます。自社の商品やサービスを使った課題解決策を考えて提案しましょう。

　そして右上の「必要×最適」は、課題解決の必要性があり、かつ最適なソリューションを見つけた状態です。これを**「いますぐ客」**といいます。営業パーソンは契約を逃さないために細心の注意を払いましょう。

　売れる営業は、常に不要の壁を越えてから不適の壁に挑みます。その点、売れない営業は、顧客に「いいですね、その商品」と言われただけで、成約できると思ってしまいがちです。顧客は「でも、いまはいらないんだけどな……」と思っても、わざわざ言ってはくれません。そこに気づけな

いと、成約の見込みのない提案をして時間を浪費してしまいます。

SPIN話法

　その不要の壁を乗り越えるための手法に**「SPIN話法」**があります。

　SPIN話法については、それだけで1冊の本が書けるほどの内容がありますが、ここではエッセンスをかなり絞り込んでお伝えします。

　顧客へのアンケート調査で「営業パーソンに強く押されたら購入しますか」という質問をすると、ほとんどの顧客が「購入したくない」と答えます。つまり、営業パーソンからの強い押しを顧客は迷惑に感じています。

　一般に、**人は話を聞くことよりも話すことを好む傾向があるそうです。なおかつ、他人の言葉には説得されませんが、自分の言葉には説得される傾向があります。**そして、自分が話すときよりも他人の話を聞くときのほうが退屈に感じます。

　営業パーソンが話しすぎると、不要の壁は越えられない可能性が高いのです。以前、話す割合を3割、聞く割合を7割にすることを意識しようと言いましたが、人間にはこのような傾向があるためです。

　営業パーソンは、自分の扱う商材を提案する仕事なので、どうしても話す量を増やさなければならないと考えがちです。しかし、**多くの顧客は「自分のことをわかってくれる、意図を把握してくれる」営業パーソンを支持します**。だからこそ、話を聞くことが重要だと言えるのではないでしょうか。

　そこで、SPIN話法です。

　SPIN話法は、1988年に行動心理学者ニール・ラッカム氏が著書『SPIN Selling』ではじめて提唱したフレームワークで、**まだ顧客自身も気づいていない潜在的なニーズや課題を見出してもらうためのヒアリングスキル**です。つまり、顧客自身がまだ言語化できていない潜在的なニーズについて、4つのステップで顧客との信頼関係を築きながら気づいてもらう手法です。

営業パーソンとしては、単なる「聞き上手」に徹するのではなく、SPIN話法のフレームワークに沿って質問することによって、潜在的なニーズを顕在的なニーズに導いていくことが重要です。営業パーソンと顧客の間には、情報の非対称性があるため、営業パーソンは解決策の提案をしようと躍起になる。それだけは避けなければなりません。

SPIN話法の最大のポイントは、絶対にこちらから解決策を言ってはならない点です。

次の4つの質問をすることによって、顧客の意思を確認していきます。

1 状況質問
2 問題質問
3 示唆質問
4 解決質問

これらの質問は、ヒアリングから商談へスムーズに移行できる流れになっています。行動心理学の要素も盛り込まれているため、顧客が自分自身の意思で「問題を解決しよう」「商品・サービスを購入しよう」と前向きに検討するように誘導できるのです。それぞれ詳しく見ていきましょう。

SPIN話法①状況質問

まずは「状況質問 (Situation Question)」です。

状況質問の目的は、**顧客の状況を把握すること**にあります。顧客の状況・状態をしっかり把握しながら、自分が提案したい商品やサービスにつながる話題を選びます。

状況質問のポイントは、顧客の置かれている状況や環境・過去について客観的な事実をヒアリングすることです。

「御社に対する理解を深めるために、事前にいくつかお聞きしてもよろしいでしょうか」

「○○さんには良い提案をしたいので、そのために○○さんのことをもう少し理解させていただきたいんです。そこで、何点か事前にお伺いしてもよろしいでしょうか」

このような前置きをすれば、顧客も嫌な気はしないはずです。自分のことがわかってもいないのにいきなり提案してくる営業パーソンよりも、好感を持たれるのは間違いありません。

SPIN話法全体に言えることですが、顧客に語ってもらうことを意識するのも重要です。質問の数を絞り、尋問にならないようにするのも、会話をスムーズに進める秘訣です。聞き方を間違えると、営業パーソンの状況質問リストに沿って片っ端から聞く尋問のようになってしまいます。

これを防ぐには、聞き方や会話の流れに意識を向けることがポイントです。

先ほどご説明したバックトラッキングを駆使し、答えが返ってきたら同じ言葉で返してあげるとよりスムーズに進むかもしれません。せっかく顧客が答えたのに、こちらがそれに対して何も反応しなかったり、興味なさそうに「そうですか」とぶつ切りにされたりすると、一問一答の尋問感が如実に表れて嫌な気持ちにさせてしまいます。

さらに大事なのは、**事前準備をしっかりやること**です。

私も起業してからは営業を受ける機会が増えました。そのとき、この営業パーソンは何も調べずに来たなと感じられる人と、しっかりと調べてきたなと感じられる人とでは、まったく印象が違います。

聞かれる立場からすれば、調べたか調べていないかはすぐにわかってしまうので、ごまかしはききません。いまはホームページもありますし、上場企業であればIRの資料も公開されています。個人であればSNSもあるの

で、それらをある程度見れば聞かなくてもいい状況質問を省けます。

むしろ、調べてあれば状況質問でアピールができます。

「事前にIRを拝見したところ●●については理解できたのですが、▲▲についてはどういう状況なのでしょうか？」

相手が好感を持ってくれれば、さらにその状況について深く聞けるかもしれません。

SPIN話法②問題質問

続いて「問題質問（Problem Question）」です。

問題質問は、問題・不満などを聞くことで、顧客が抱えるニーズを引き出し、顧客自身に問題を認識してもらうことが目的です。順序としては、状況質問で聞いた回答をもとに、問題質問につなげるイメージです。ここでは、顧客が困っていることを事前に想定し、イエス・ノーで返答できる質問を準備します。ポイントとなるのは不平、不満、不良、不足、不振など、顧客にとっての「不」に着目して質問することです。

「現在のサービスを使うなかで、不便に感じることはありますか？」

「現在の予算内で、機能やサービスが不十分だと感じることはありますか？」

「サービスを利用するなかで、サポート面に不安を感じたことはありますか？」

このような質問です。プルデンシャル時代、私もこの問題質問を駆使していました。状況質問から問題質問に流れていく例です。

営業「毎月の保険料の支払いはおいくらですか」

顧客「3万円かなあ」

営業「しっかりした保障に入られているんですね。ところでその保険はど

んな目的でかけられましたか」

顧客「目的は……なんだっけな、知り合いから勧められてなんとなく入ったかもしれない」

営業「そうなんですね。でも目的が曖昧なまま、毎月3万円の保険料を支払い続けていて問題はありませんか」

顧客「そう言われると気になりますね」

　このように、**顧客自身があまり気づいていない問題点に気づかせるような質問が問題質問**です。ただし、あからさまにイエスと言わせようとしていると察知されたら営業感が出てしまうので、さりげない自然な質問を心がけるのがポイントです。

　SPIN話法を駆使できるようになれば、営業パーソンは課題解決をしてくれる人だと顧客に認識してもらえます。

SPIN話法③示唆質問

　3つ目が「示唆質問（Implication Question）」です。

　示唆質問は**顧客に問題の重要性を認識させ、潜在ニーズを深掘りし、ニーズを顕在化させるための質問**です。問題点に対する注意喚起とリスク化を促し、あくまでも顧客の立場や気持ちに寄り添い、顧客自身の言葉で発言してもらうようにするのです。

　営業パーソンにとって一番重要なスキルは何かと聞かれたら、私はSPIN話法と答えることが多いのですが、そのなかでもっとも重要で難しいのが示唆質問です。また、問題質問がクローズドクエスチョンであったのに対し、示唆質問はオープンクエスチョンとなります。

　顧客が問題に気づいたとして、すぐにそれを解決しようと思うでしょうか。それは問題に気づいたレベルなのか、深いレベルで危機感を抱いているのかによって異なります。顧客の危機感があまり大きくない段階で提案して

も、こう言われるのが関の山です。

「たしかにあったほうがいいとは思うけど……」

問題質問によって、問題を認識してもらったうえで、その問題を放置するとどのような支障が出るのかについて顧客に想像してもらう必要があります。ここでも、「必要です」「絶対にやらなければなりません」などと言うのではなく、あくまで聞く姿勢が重要です。ポイントとして、以下のカテゴリーで質問を考えると効果的です。

時間

- 間に合わなくなる
- 時間がかかる

労力

- 無駄になる
- 二度手間になる

経費

- コストアップにつながる
- 無駄な出費になる

責任

- 担当者の立場が悪くなる
- 企業の責任が問われる

他者

- 迷惑をかける
- 取引先の信頼を失う

こうした観点で訴求していきます。

ここで、問題があった場合に「それを放置しておくと無駄になりませんか」とストレートに言ったほうがいいのか、それとも顧客自身に（無駄になるな……）と思ってもらったほうがいいのか、保険営業のトークで例を示します。

営業「毎月の支払いは3万円だとしても、その保険契約は今後30年も続きます。保険料の支払総額はいくらになると思いますか？」
顧客「36万円の30年だから……1000万円を超えるのか！」
営業「そうなんですよ。先ほど保険加入の目的は覚えていないとおっしゃいましたが、目的と中身が一致しない状態でそれだけの金額を払うことについて、○○さんはどう思われますか？」
顧客「そう考えると、無駄だよね」

　この会話のなかで、営業側は自分の意見を伝えていないことがわかるでしょうか？　あくまで質問に終始し、相手の回答を聞く姿勢を貫き、相手に結論を答えてもらっています。このように、ストレートに自分の意見を言うのではなく、一貫して聞く姿勢です。

　ここまでの3つの質問を順序通りに行おうと考えすぎないことも大切です。基本は状況質問によってある程度状況を把握できたところで、問題質問に切り込みますが、この時点で顧客が現状に問題を感じないケースもあるでしょう。こちらの問題質問にイエスと言わずにノーと言うケースです。あるいは、イエスとは言ったものの、あまり強く問題を感じていないこともあります。その場合は、示唆質問に移行するのではなく、別の問題質問にトライすべきです。
　焦ってこの順番通りにしようとするのではなく、どのような問題質問が顧客の心を大きく動かすかを注意深く見守り、顧客の心が大きく動いたら示唆質問に移行するのです。
　先ほどの保険料のケースでも、1000万円という金額が無駄な出費だと思わない人もいます。そのときに示唆質問に切り込んでも、顧客には響き

ません。だとしたら、問題質問に戻る。場合によっては状況質問に戻ってもいいでしょう。

重要なのは、**順番通りに進めることではなく、顧客に課題に気づいてもらうこと**です。その意味で、4つの質問のバリエーションを持っておくことは、SPIN話法をうまく進めるためにきわめて重要なことです。

SPIN話法④解決質問

最後が「解決質問（Need-Payoff Question）」です。

解決質問のポイントは、理想のあるべき状態をイメージしてもらい、顧客に自らの意志で課題を解決したいと思ってもらうことです。問題解決によるメリットに焦点を当て、問題解決後のプラスイメージを膨らませます。

解決質問をあえて質問としているのは、**多くの営業パーソンが「解決策」を言ってしまうからです。つまり、顧客に自らの意志でこの課題を解決したいと思ってもらうことがポイントになるので、質問のなかに解決策を入れることはNGです。**問題解決のメリットを、顧客自らの口で語ってもらうことにより、しっかりと記憶に残してもらうことを目指します。

ここまでの流れがうまくできたら、顧客は自分でその問題に気づき、それを解決したいと思います。私の経験からすると、ここまでくれば競合比較されにくくなります。潜在ニーズに気づけたのはこの営業パーソンのおかげなので、その貢献に応えて契約しようと考える人が多いからです（もちろん、それでも競合比較をする人もいますが）。

重要なことは、顧客の視点に立つことです。これを忘れてはいけません。**顧客が自ら課題を見つけ、その課題を一緒に解決するスタンスで接し、顧客の言葉で語ってもらうのです。営業パーソンが自らの考えを伝えるのはやめて、質問役に徹しましょう。**

SPIN話法は、脚本に近いかもしれません。

図22 SPIN話法の例

不要の壁を乗り越える手法「SPIN話法」

	目的	例 ※スマホの販売
Situation Question 状況質問	顧客の状況を把握する	いまご使用中のスマホは、どれくらいの期間お使いですか?
Problem Question 問題質問	顧客に問題を認識させる	バッテリーの持ちに不満を感じることはありますか?
Implication Question 示唆質問	問題の重要性を認識させる	バッテリーがすぐ切れると、外出時にモバイルバッテリーを持ち歩く必要が出てきますよね?
Need-Payoff Question 解決質問	理想のあるべき状態をイメージさせる	もし、バッテリーが長持ちして、カメラの画質も向上したスマホがあったら、ご興味ありますか?

　最後に持っていきたい結論、ソリューションはひとつです。そこに持っていくためにどのような解決質問をするか、そのための示唆質問、問題質問、状況質問を逆算して考えるのです。

　図22はSPIN話法の用例集ですが、これをもとに自身の営業に置き換えてつくってみましょう。最初からSPIN話法の正解(用例集)を渡されて単にそれを話すのと、自分で勉強したうえで脚本を考えるのとでは、意味がまったく違います。自分の言葉は強い。自分で考えた脚本は成功に近づくための強力な武器になります。

スキル ③
「否定を肯定に変える」
応酬話法

　営業の場面において、必ずしもすべてがスムーズに進むとは限りません。顧客から何らかの「反対意見」をいただくことも多いのではないでしょうか。

　その場合、みなさんはどう切り返していますか。

　よく反対意見が出るのは、価格や競合比較、時期や優先度などに関する話題のときです。

「機能は良いんだけど、ちょっと高くないですか」

「御社の特徴はわかったけど、Ａ社と何が違うんですか」

「良いと思ったけど、もうちょっと考えさせてもらっていいですか」

　このような顧客からの反対意見に答えられないのもマイナスですし、答える場合もこちらの主張を一方的に伝えるだけでは交渉はうまくいきません。

　大切なのは「顧客の考えや顧客が不安に感じていること」を受け入れる、つまりは「歓迎すること」です。

　こうした反対意見が出てきたとき、これを歓迎する３つのマインドを持つことが重要です。

- 反対意見を批判せず、否定も肯定もせず、歓迎して受け入れる
- 反対意見が出たら、ほかにも反対意見がないか聞く
- 反対意見が出たら感謝し、その理由や経緯を聞く

　世の中のほとんどの営業パーソンは反対意見を恐れていますが、反対意見はむしろ歓迎すべきです。

反対意見を肯定意見に変える会話スキル

　好きの反対語は何だと思いますか。
　そう聞くと、ほとんどの人が嫌いと返答しますが、好きの反対語は「無関心」です。営業パーソンからすると、商談していて何も質問が出ない、反対意見も出ないほうが不安になるはずです。関心がないと感じられるからです。
　考え方を変えましょう。顧客はあなたの商品・サービスに関心があるから質問をしているのです。反対意見がむしろありがたく感じられるようになってきます。ほかにも反対意見がないかさらに聞きましょう。反対意見を言われたら即座に反論する人もいますが、まずは感謝しましょう。

　否定を肯定に変えるスキルとして挙げられるのが次の3つの方法です。

Yes, But話法（イエス・バット）

「そうですね」と肯定してから「しかし」と意見を続ける方法。
肯定のクッションを入れることで、意見を受け入れてもらえる。

Yes, And話法（イエス・アンド）

「そうですね」と肯定してから「実は」と理由や根拠を伝える方法。
理由や根拠を伝える前に、肯定する言葉を入れる。

Yes, If話法（イエス・イフ）

「そうですね」と肯定してから「もしも〜なら」と深掘りをする方法。

肯定する言葉を先に入れ、仮にどのような状態になれば購入するかを確認する。

それぞれ詳しく見ていきましょう。

Yes, But話法（イエス・バット）

Yes, But話法は、費用対効果やその根拠がある場合、つまり売り上げアップやコスト削減効果が明確にあるとき、あるいは費用がかかる理由や根拠があるケースで効果的です。

顧客「この商品、高くないですか？」

営業「おっしゃる通りです。しかし、この商品は海外からしか取り寄せることができないので、どうしても輸送費用がかかってしまうのです。そう考えたら、安く感じませんか」

顧客「なるほど。たしかにそうですね」

少し細かい話をすると、Yes, But話法は「そうですね、しかし……」という表現が一般的ですが、私自身はあまり使わないようにしています。

「そうですね。ただ、視点を変えると……」

「そうですね。ただ、考え方を変えると……」

「そうですね。ただ、見方を変えると……」

このように逆接の接続詞を使わず、少しマイルドな言葉を使ったほうが聞こえは良くなると思います。そのうえで言うと、**営業の場面では絶対に顧客と議論してはいけません。**議論した時点でもう負けです。人によっては議

論で勝ったと思う人もいるようですが、仮に議論に勝ったとしても商談はまとまりません。

　繰り返しになりますが、営業はコミュニケーションです。**相手の言っていることが違うと思っても、まずはいったん受け入れましょう。そのような対応をすれば、顧客は「自分のことをわかってくれている」と思ってくれるはずです。**

Yes, And話法（イエス・アンド）

　Yes, And話法は、情報の非対称性がある場合に有効です。営業側が圧倒的な量の情報を持っている場合、営業側が専門的な知識を持っているケースなどに、さらなる追加情報を付け加えるときに使うスキルです。

顧客「この商品、高くないですか？」

営業「おっしゃる通りです。実は、この商品が高いのには理由があります。○○という特許が使われているため、その特許使用料がかかるのです。△△という希少価値のある原料を使っているために、価格を下げるのが難しいんです」

顧客「なるほど、そういう背景があったんですね」

Yes, If話法（イエス・イフ）

　Yes, If話法は、納得できる着地点が見つからないときに効果を発揮します。その打開策として顧客の本音を深掘りしたい場合、あるいは購入のポイントや状態を知りたいときに使えるスキルです。

顧客「この商品の導入を検討したいけど、初期費用が他社より高くないですか？」

営業「おっしゃる通りです。同じようなご意見もよくいただきます。もし、他

社の商品と同じ初期費用になれば、うちの商品の導入を検討していただけますか?」

顧客「そうですね、そこまで下がったら検討したいですね」

この3つのスキルをうまく使うことによって、否定を肯定に変えられます。商談において反対意見は必ず出てくるので、その都度恐れる必要はありません。否定に対する応酬話法をあらかじめ考えておけば、反対意見もチャンスに変わります。

応酬話法は組織ごとにマニュアル化すべき

プルデンシャルでは「反対処理」と表現していましたが、**反対意見に対する応酬話法がすべて決まっていました。**反対意見を歓迎しようという教育も受けます。最初のうち、私は正直に言ってあまりよくわかりませんでした。しかし、経験を重ねるうちに気づきます。

顧客「保険が必要なのはわかったんですけど、いま入る必要があるかどうか疑問です」

営業（この反対意見は毎回出てくるな……）「そうですよね。私も○○さんにいま、何かが起こるとは思っていません。ただ、ちょっと考え方を変えてみてください。たとえば事故に遭った人、病気にかかった人は、保険に入っていてよかったと思っていますよね」

顧客「そうですね」

営業「保険に加入していると、事故に遭った瞬間、病気になった瞬間、あるいは亡くなった瞬間に保険金が下りる手続きに入れます。でもその人は、自分がそうなるタイミングを予見できていたでしょうか」

顧客「いや、できないですよね」

営業「そうですよね。予見できるのであれば、私も保険なんていらないと思うんです。それが誰にもわからないからこそ、保険があるんです

　　　　ね」

顧客「なるほど。だったら、できるだけ早く入っておいたほうが、そのタイ
　　　ミングに備えられるということですよね。じゃあ、私もいま入ります」

営業（決まった返しをすると、納得してくれる。むしろ、話が思ったよりも進んでい
　　　くな……）

　そう感じるようになりました。経験を積むと「そういうことか！」とわかって
くるのです。
　**とくに、「価格」や「競合比較」、「時期・優先度」などは、顧客からよ
く反対意見をいただく項目です。**商品やサービスごとに反対意見のパター
ンがあると思いますので、組織として応酬話法を構築し、反復練習してお
くといいでしょう。反対意見が怖くなくなるだけでなく、効果的な返しがで
きるようになり、商談の成功率も高まるはずです。

スキル ④
顧客が思わず納得する
提案スキル

このパートは4つの壁で言うと「不適の壁」攻略の話です。不要×不適の「まだまだ客」が必要性に気づいて「お悩み客」になったら、不適の壁を乗り越え、「いますぐ客」になってもらわなければなりません。

そこで、「不適の壁」を乗り越える手法として「FABE」というスキルをご紹介しましょう。

FABE

自社の商品やサービスを、どのように提案していますか。

不適の壁を乗り越えようとして、商品やサービスの特徴だけを伝えようとしていませんか。

購入すべき理由をさまざまな観点から伝えることで、顧客が思わず納得してしまう提案技術が「FABE（Feature・Advantage・Benefit・Evidence の頭文字をとった造語）」です。

①F＝特徴（Feature）

商品やサービスの内容を伝える

「Netflix は月額制の動画配信サービスで、世界中の映画やドラマをいつでもどこでも視聴できます」

②A＝優位性（Advantage）

競合と比較した際の自社の商品やサービスの優位性を伝える

「Netflix の利点は、ほかの動画配信サービスと比べてオリジナルコンテンツが充実していることで、他社の○万本に対して Netflix は○万本もあり、十分な本数を備えています」

③B＝価値（Benefit）

商品やサービスを通じて顧客が得られる価値（メリット）を伝える

「移動時間があなただけの映画館になります」

①E＝証拠（Evidence）

特徴・優位性・価値の証拠となるデータ・事例を伝える

「実際、Netflix は世界中で3億人以上の登録者を持ち、ユーザー満足度も非常に高い評価を受けています。たとえば、調査会社のレポートによると、90％以上のユーザーがコンテンツの質や視聴体験に満足していると回答しています」

多くの営業パーソンは、商品の特徴ばかり伝えますが、顧客が知りたいのは特徴だけではありません。とくにBtoBの営業であれば、担当者が稟議を上げるにあたり、その商品やサービスを購入することによってどのような費用対効果がもたらされるか、そのエビデンスは何かという点が求められます。その点を押さえておかなければ、購入を決定する決裁者に響きません。

さらに、FABEとセットで活用すると効果的な提案スキルについてお伝えしましょう。

一貫性の原理

まずは「一貫性の原理」です。

人には、自分で決めたことは貫きたい、一貫性を持たせたいと思う心理があります。人は自分で決めたことや発言したことに矛盾が発生しないように行動したいのです。

営業「この商品を活用すると、効果的であると感じてもらえましたか」
顧客「はい、効果的というイメージが持てました」
営業「では、あなた個人として使ってみたいと感じましたか」
顧客「個人的にはもちろん使ってみたいと思いました」
営業「ありがとうございます。では、上長にも話していただけますか」
顧客「はい。話してみたいと思います」

このやり取りは、一見すると普通の会話のように聞こえます。ただ、回答している側ははじめに「効果的というイメージが持てました」と答えているので、それとまったく異なる発言に変えてしまうと、説明ができなくなります。したがって、一度答えた内容の方向を維持しようとする心理が働くのです。これを「一貫性の原理」と呼びます。はじめに小さなイエスをもらうことで、それがやがて大きなイエスに変わっていくのです。

両面提示の法則

また「両面提示の法則」という提案スキルもあります。

悪い例

「うちの商品は、〇〇〇という点も良いですし、◎◎◎というメリットもあります。いまならお安くできるので、お買い得ですよ!」

　「うちの商品は、○○○という点は良いのですが、×××が懸念されます。もし○○○のメリットでご判断いただけるのであれば、この商品がおすすめですよ！」

　多くの営業パーソンが勘違いしているのは、自社の商品やサービスについてデメリットを伝えてはならないと思っていることです。本来、デメリットがまったくない商品やサービスなどありません。**メリットだけを言うよりも、デメリットの部分もあわせて伝えたほうが、相手の信頼と安心につながります。**競合も見なければいけないと思っていたけれど、デメリットもしっかりと説明してくれたからこの会社に決めよう。そんな気になってもらえます。

ゴルディロックス効果

　ゴルディロックス効果（松竹梅の法則）は、ひと言で言うと**提案するときにひとつのパターンではなく、複数のパターンを提示することで、自ら選択したと思っていただくための技術です。**

　多くの人には、3つの選択肢があると、真ん中を選んでしまう心理的な傾向があります。とくに日本人は極端な選択を回避したり、判断に迷ったりしたときに真ん中を選ぶ傾向にあります。Sサイズしかなければ選ぶ余地はありませんが、Sサイズ、Mサイズ、Lサイズと3つの選択肢があれば、ついついMサイズを選んでしまうのはこのためです。

　普段の営業活動で商品・サービスの提案をするときに、何パターン用意しているでしょうか。1パターンしか用意していないと、それを選ぶか選ばないか、つまりは「受注」か「失注」かの2択になってしまいます。

　しかし、3パターンあると顧客は「選ばない」という選択肢を忘れて、「どれを選ぼうかな」という発想につながりやすくなるのです。

　また、この心理を踏まえて落としどころをMサイズに持っていくように用意

図23　ゴルディロックス効果（松竹梅の法則）

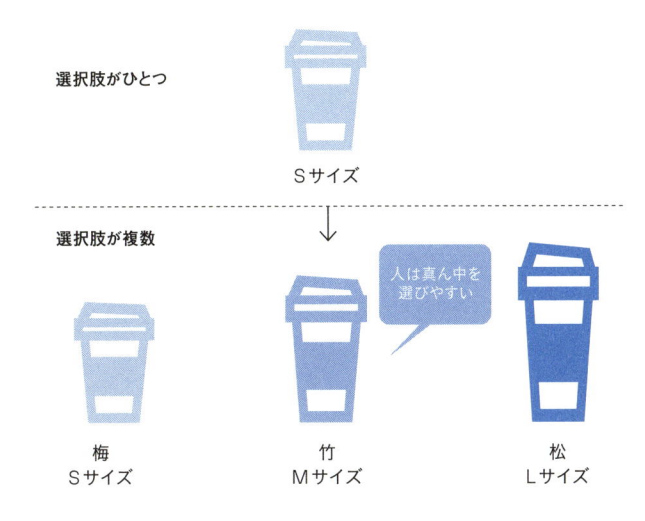

選択肢が複数あったほうが受注につながりやすい！

選択肢がひとつ

Sサイズ

選択肢が複数

人は真ん中を
選びやすい

梅
Sサイズ

竹
Mサイズ

松
Lサイズ

しておくと、さらに効果が期待できます。

ストーリーテリング「STAGE」

　物語の持つ伝わる力をコミュニケーションの手段として活用したトークスキルをストーリーテリングといいますが、そのストーリーテリングの技術に「STAGE」という技法があります。「STAGE」は以下の頭文字をとっています。

1　状況（Situation）　取り巻く環境や状況を伝える
2　悩み（Trouble）　抱えている課題や困難を伝える
3　行動（Action）　そのときの発言や行動を伝える
4　結果（Goal）　現在の状況や結果を伝える
5　評価（Evaluation）　意思や使命を伝える

提案するときに「商品やサービスを使って効果のあった顧客の事例」を伝えることがあると思いますが、その際にSTAGEの5つのポイントを意識すると伝わりやすくなります。たとえば、メーカーがトースターを開発したエピソードをSTAGEで伝えると次のようになります。

①状況(Situation)

「トースターメーカーの営業が街のパン屋さんにヒアリングに行きました」

②悩み(Trouble)

「パン屋さんのお客から、日によって美味しいパンが焼ける日とそうでない日があることに悩んでいるという声を多く聞きました」

③行動(Action)

「そこで、美味しいパンが焼ける日の要素を研究したところ、雨が降った日に共通して美味しいパンが焼けていることに気づきました」

④結果(Goal)

「湿度の違いによってパンの焼き上がり、味に変化があることを生かして、いつでも美味しいパンを焼くことができるトースターを開発しました」

⑤評価(Evaluation)

「これによって、誰でも自宅で、美味しいパンを焼いて食べることができるようになります」

　人は、ストーリーで話されると思わず気持ちが入ってしまうものです。ぜひ自社の商品・サービスに置き換えて考えてみてください。

スキル ⑤
顧客の背中をそっと押す
クロージングスキル

クロージングスキルには次の3つがあります。

- イフクロージング（仮説法）
- プロスペクト理論（損失回避の法則）
- ゴールデンサイレンス（沈黙法）

それぞれ説明していきましょう。

クロージングスキル①イフクロージング

イフクロージングは、仮の話をすることで利用イメージを持ってもらうテクニックです。話法として「もし～だったら」を活用し、イメージを具体化していくことで、購買意欲を促すことができます。

「仮にこの商品を活用するとしたら、現場ではいつごろが理想的ですか」
「そうだな、6月から新しい期に入るから、そこからかな」

「もし、このサービスを使うとしたら、A・B・Cのどのプランがいいですか」

「だったらCかな」

　本来、不信、不要、不適の壁をしっかりと乗り越えていれば、このようなスキルは必要ありません。ただ、商談によってはうまく壁を越えられず、平均点でクロージングに入ってしまうこともあります。クロージングでもう少し頑張らなければ成約に至らない。そんなときに使える話法です。このスキルが効果的なのは、実際に商品やサービスを使うイメージが湧くので、顧客の気持ちが前に向くからです。

クロージングスキル②プロスペクト理論

　人は、得をすることよりも損をすることのほうに痛みを感じます。100万円の利益と100万円の損失を比較したとき、人は100万円をもらった喜びよりも、100万円を失った苦痛のほうが強く感じる。つまり、**人は利益を得るための行動より損失を避ける行動のほうが起こしやすい**のです。その心理を説明したのが、行動経済学に基づくプロスペクト理論（図24）です。

　私は海外旅行が好きでよくしますが、日本より物価が安くて得をしたことより、タクシーに乗ってぼったくられた思い出のほうが強く印象に残っています。**クロージングにおいて強調すべきは、その商品やサービスを導入しなければ、損をしてしまう可能性がある**という点です。

　プロスペクト理論を踏まえた例として、フィットネスジムへの勧誘を考えてみましょう。

営業「私たちのジムに通えば、3ヶ月で体脂肪率が平均3%下がり、より
　　　健康的な生活が送れますよ」

顧客「たしかに運動したほうが良いのはわかるんですが、時間が取れる
　　　か心配で……」

図24　プロスペクト理論

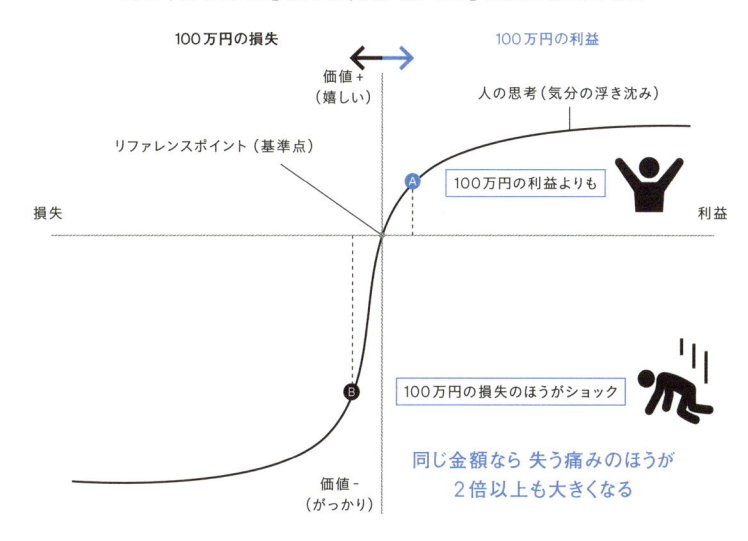

人は「得すること」よりも「損しないこと」を選ぶ傾向がある

100万円の損失　　　　　　　　　　100万円の利益

価値＋
（嬉しい）

人の思考（気分の浮き沈み）

リファレンスポイント（基準点）

100万円の利益よりも

損失　　　　　　　　　　　　　　　利益

100万円の損失のほうがショック

同じ金額なら 失う痛みのほうが
2倍以上も大きくなる

価値−
（がっかり）

営業 **「わかります。でも、運動をしないと、1年後にはいまより筋力が低**
　　 下し、代謝が落ちて、体脂肪が増えてしまうかもしれないんです」

顧客 「えっ、そうなんですか？」

営業 「そうなんですよ。実際に、30代以降は何もしなければ年間で約
　　 0.5キロずつ筋肉が減ると言われています。でも、いま始めればそ
　　 れを防げますよ」

顧客 「それは嫌ですね……やっぱり始めてみようかな」

　太字の部分がプロスペクト理論を踏まえた会話例です。「運動すると良
い」ではなく、「運動しないと悪いことが起こる」にフォーカスし、「1年後に
は筋力が低下する」「体脂肪が増える」などのリスクを明確に伝えているこ
とがわかります。

　このように、自社の商品やサービスを導入したときの得ばかりをアピール

するのではなく、導入しなかった場合の損という観点でトークを考えてみてください。

クロージングスキル③ゴールデンサイレンス

最後はゴールデンサイレンスです。

これは格好良く言っているだけで、単なる沈黙のことです。ただ、単なる沈黙をあなどってはいけません。

クロージングに際して、最後の押しが必要だからといって機関銃のように次から次へと話をしても、顧客の心が動くとは限りません。むしろ、**言うべきことを言ったら、判断を相手に委ねるために黙って考える時間を与える**ことも必要なのです。

せっかく考えているのに、そこで営業パーソンに口を挟まれると、思考が中断され、やがては考えることが面倒になってしまいます。**話したい気持ちを抑え、沈黙を貫いて顧客が口を開くまで待つことも重要なスキルです**。それに、このタイミングで話し続けると、「この営業、余裕なさそうだな」「なんか焦っているな」という印象を与える可能性が高く、逆効果になりかねません。沈黙したほうが堂々とした自信のある姿勢に映るため、結果にもつながりやすくなります。

私は、このゴールデンサイレンスを多用していました。よく沈黙に耐えられなくなる営業パーソンがいますが、私はいつまででも我慢できます。むしろ沈黙を楽しんでいました。沈黙をすると顧客は真剣に考えてくれて何らかの意見を導き出そうとしてくれます。

意外と、沈黙はNGだと思っている営業パーソンは多いようです。営業研修でこの話をすると、「いままで沈黙はダメだと思っていましたが、ワークショップを受けて目からウロコが落ちました。勇気を振り絞ってやってみたところ、商談がスムーズにいきました」という意見をもらうことが少なくありません。

それまでは、商談に沈黙をつくらないようにしなければならないと思い込んでいた。だから沈黙をつくらないように矢継ぎ早にトークをしていた。そのため、話が効果的にならない。むしろそれに答えようとする顧客も話し続けなければならなかったため、熟考する時間がなかった。そうした流れが効果的なクロージングを妨げていた一例です。

沈黙の時間をつくることによって、顧客に考える時間を与えることができます。沈黙は、先ほどご紹介したSPIN話法のように、顧客に自分で考えてもらい自分の言葉で話すきっかけを与えるものなのです。

自分のなかで言うべきことは言い切ったと思ったら、それ以上話さないでください。

多くの営業パーソンはさらに畳みかけることで成約したいと考えるようですが、その必要はありません。沈黙のなかで顧客は考え、むしろ気になることがあったら質問してくれるはずです。

有効な間の取り方

沈黙と紙一重ですが、もうひとつ大事なのが「間」の取り方です。

間を取ることは、私はかなり意識的にやっています。間は関心を引きつける効果もあれば、考えてもらう時間にすることもできます。その意味では、間と沈黙は似ています。

間や沈黙で生み出された空白の時間は、それまではこちらの言うことを聞くだけ、質問に答えるだけだった顧客に考えてもらう機会を与え、自ら発信するきっかけをつくり出します。能動的になった顧客は、思考も能動的になり、積極的に商談に関わるようになってくれます。それが、双方納得のうえでの成約へと結びつける確率を高めるのです。

私も沈黙の効果がわかっていない時代は、クロージングの場面になるとこう言っていました。

「いかがでしょうか」
「お考えはまとまりましたでしょうか」

あれこれ詰め寄っていた記憶があります。売れない営業は、このときに決して言ってはならないひと言を発してしまいます。

「お願いします。買ってください」

ここまでストレートではないにしても、直接的な購入のお願いに聞こえる言葉は、顧客の関心の熱を冷めさせます。

クロージングは、最後の不急の壁を越えるための機会です。つまり、**いますぐ契約するかしないかを決断するのは顧客の役割なので、黙って待つしかない**のです。

「ぜひ買わせてください」
「最後にもう一点聞きたいことがあるんですけど」
「どうやって手続きを進めたらいいですか」

そう言ってくれるのを待つのです。そこで「手続きを進めましょうか?」などと言ったら、顧客の思考と決断にブレーキをかけてしまいます。むしろ、営業パーソンから「手続きを進めましょうか?」と言われたほうが、断りやすくもなります。

沈黙は難しいように感じられますが、実はそれほど難度は高くありません。沈黙や間の意識を持つだけで、商談が変わります。私は、商談ですべてやりきった自信があれば黙ります。その意味で言えば、**営業にクロージングは不要**だと思っているほどです。

私がとくに多用するクロージングスキルが、このゴールデンサイレンスです。そこに至るまでに、不要が必要に変わり、不適が最適に変わっているは

ずなので、それ以上とやかく言う必要はなくなっているはずだからです。

　もし伝えきれていなければ、顧客から追加の質問が来るはずです。それを信じて、私は1分以上沈黙することもあります。クロージングの場面での1分は、ほかの場面での1分よりはるかに長く感じます。それでも、楽しんで沈黙していました。

第4章 まとめ

- ☐「信頼関係を築く」会話スキルとして、相手を理解・尊重・共感したうえで、ペーシングを活用するのが有効。

- ☐ 潜在的な課題を引き出すスキルとしては、不要の壁を乗り越えるSPIN話法を使おう。

- ☐ 潜在ニーズを引き出すには、自分が話すことよりも、ヒアリングのほうが大切である。

- ☐「否定を肯定に変える」には、応酬話法が効果的である。反対意見を歓迎したうえで、Yes, But、Yes, And、Yes, If 話法の3つを駆使して対応しよう。

- ☐ 顧客が「思わず納得する」提案スキルとして、不適の壁を乗り越える「FABE」というフレームワークがある。またセットで使うと効果的なスキルとしては、とくに「一貫性の原理」が有効である。

- ☐「背中をそっと押す」クロージングスキルには、イフクロージングとプロスペクト理論、ゴールデンサイレンスがある。

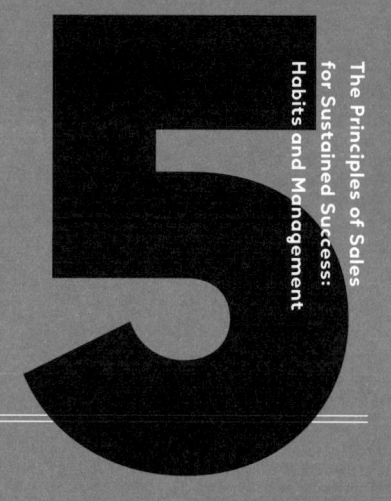

成果を
あげ続けるための
営業の原理原則
【習慣・管理編】

習慣・管理の重要性

　本章では、習慣と管理についてお話ししていきます。前提として習慣とは**「成果を出すために繰り返す日常の行動パターン」**のことを指し、管理は**「目標に向けた進捗を確認し、改善を促すプロセス」**のことを言います。

　習慣・管理の極意には「目標管理」と「行動管理」があります。厳密に言うと、行動管理は「行動管理」と「案件管理」に大別されます。営業パーソンは自らこれらを管理しますが、マネジメント層にはとくに求められる重要な仕事です。

　案件とは、日々の具体的な商談のことです。商談は1社（または1名）の顧客に対してn件発生します。ある顧客に対して、たとえば営業研修・営業コンサルティング・システムサービスの3件の商談が発生したら、案件としては3件になります。案件管理はその3件の案件を管理する形になり、質的な部分の管理となります。

　それに対して、行動管理は営業パーソン自身の行動を管理することを指します。量的な部分の管理に近く、その週に何件のアポイントが組めているかなど、KPIに関係する部分を管理することになります。したがって、行動管理と案件管理は意味合いが違います。

営業マネージャーの役割は、チームの目標を達成させることです。チームの目標を達成させるには、自分のチームメンバーの行動管理と案件管理を適切に行う必要があります。とくに、案件管理を適切に行うことができれば、目標は達成できるはずです。

しかし、そもそも営業には教科書がないと言われるのと同様に、営業マネジメントにも教科書がありません。そのなかで、世の営業マネージャーは試行錯誤しながら、なんとなくやっているのが現状です。

緩い環境ほど自己管理の質が成果を分ける

話をメンバー目線に戻しましょう。成果をあげている売れる営業は、この自己管理がうまくできています。キーエンスとプルデンシャルは、会社としての管理の仕方、動き方、KPIが定義されていたことで、管理を上手に行っていました。

営業パーソンは、目標から逆算して決められた形で動けばよかった。つまり、この枠組みのなかで1週間、1ヶ月の動き方が見えていたのです。

しかし、多くの企業にはそれがありません。そうなると、営業パーソン個々の動き方に依存するため、ひと握りの売れる営業しか生まれません。個人任せにすると、自己管理のできる人とできない人が出てきてしまいますし、どちらかといえば管理のできない人が圧倒的に多いのです。

キーエンスからプルデンシャルに移ったとき、私は衝撃を受けました。フルコミッション制のため、自己管理が厳しく求められていたからです。

プルデンシャルに来るのは前職で優秀な成績を上げた人たちですが、いくら営業力が高くても、自由度の高い環境で堕落していく人は少なくありません。会社で決められたことを遂行しているうちは能力が発揮できても、自己管理になると別の能力が求められるのです。

私はそれを目の当たりにして、自分を律する力が重要であることを学びました。

フルコミッション制の世界では、何時に起きようが、何時に寝ようが、いつ休もうが、すべて自由です。良い意味でも悪い意味でも、強制力がまったくありません。自律と自己管理は営業パーソンにとって地味で面倒な作業ですが、成果を左右するほどきわめて重要なことです。

自由度が高すぎると、何をしていいかわからなくなる。企業側も、どのようにしてマネジメントすればいいかわからない。それぞれのデメリットを解消するためにも、良い習慣・管理を徹底することで、営業パーソンの環境はいまよりも良くなるはずです。

習慣・管理 ①
四半期・月次ベースの
目標管理と行動管理

　では、良い習慣・管理とはどのようなものでしょうか。まずは、四半期・月次ベースの観点で見ていきましょう。

　そもそも、目標を達成し続けている人は、偶然それを実現しているわけではありません。そこにはKGI、KPIという観点があります。営業の場面に置き換えると次の観点です。

　商談プロセスを「アポ獲得」「商談」「受注」の3つに大別すると、最終的な受注というKGIに向かうプロセスのなかで、図25のような「架電」「アポ獲得」「訪問数」「商談数」などKPIに設定しやすい項目があります。

　このように、成果から因数分解した「KPIツリー」と「数値」がわかると、KGIを達成するための行動量がわかります。

　訪問から商談に至った場合は、それを商談化とみなします。何をもって商談化とみなすかについては、企業ごとに明確に定義しなければなりません。そうすることで、商談化率が定義されます。商談から具体的な案件に至った場合は、それを案件化とみなし、さらに商談から受注に至った場合は受注率と表現します。訪問から商談が商談化率で、商談から提案は案件化率で、商談から受注が受注率です。

図25　商談プロセスとKPIツリー

成果から因数分解したKPIツリーとそれに応じた数値があると行動量がわかる

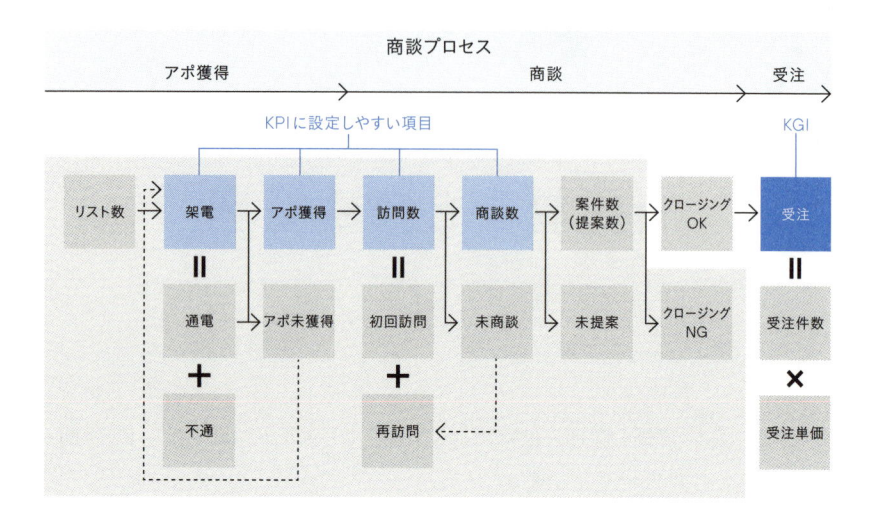

図26　KGI（ゴール）から逆算したKPIツリー

成果から因数分解したKPIツリーとそれに応じた数値があると行動量がわかる

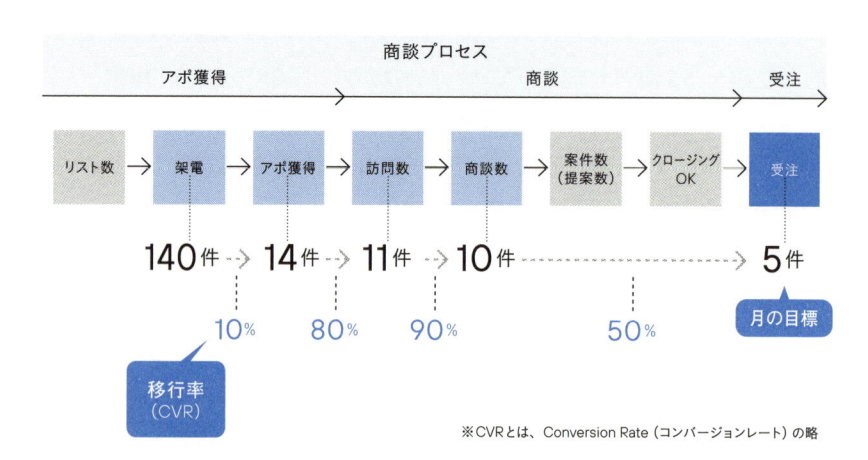

※CVRとは、Conversion Rate（コンバージョンレート）の略

　図26を見てください。たとえば、「月に5件の受注」を目標に置いた場合、最低何件の「商談数」が必要になり、その商談をつくるための「訪問数」が何件必要になるでしょうか。

　また、その「訪問数」をつくるためには何件の「アポ獲得」が必要になるか、そのためには何件「架電」をしないといけないかを計算していくのです。

　各KPIの件数を具体的に算出するためには、各プロセスごとの数値を管理、確認したうえで移行率（コンバージョンレート）の把握がとても重要になります。

　この「移行率」の数値がわかると、「月に5件の受注」を目標に置いた場合に「10件の商談数」が必要になり、その商談をつくるためには「11件の訪問数」が必要になることがわかります。

　そして、その「訪問数」をつくるためには「14件のアポ獲得」が必要になり、そのためには「140件架電をしないといけない」という具体的な数値がわかってきます。

　ここまで見える化した「KPIツリー」と「数値」があると、目標を達成するためには、最低どれくらいの件数が必要になるのか、そのために1日どれくらいの行動量が必要になるのかが一目瞭然なのです。

　また、仮に今日の目標が未達で終わっても、次の日にどれくらいリカバリーすればいいかも把握できるようになります。

動かせない定数ではなく、変数を見極めよう

　世の中には、定数と変数があります。定数は変化できない数値、営業で言うと自分の力ではどうにもならないことです。たとえば、「顧客マター」という言葉がありますが、繁忙期に入った顧客から「時間がつくれない」と言われてしまった場合、営業パーソンがいくらじたばたしても、どうにもなりません。それは、定数にカウントします。

　それに対して、変数は変化させられる数値です。営業で言えば、自分

の力でどうにかできることを意味します。顧客マターに対して「営業マター」です。新たな商談をつくることは、一見すると顧客マターに思えますが、自ら動いて商談はつくれるので、営業マターです。

　この考え方を先ほどの図25に載せたのが次の図27です。

　図のように、定数は受注の部分だけです。契約するか否かを決めるのは顧客にしかできないからです。営業パーソンが努力をしてもしなくても、最終判断は顧客にしかできません。

　それよりも前のプロセスは、ある程度は営業パーソンが自分でコントロールできます。自分自身の商談化率、案件化率、受注率に基づいて進んでいくからです。**目標達成の秘訣は、自分の力でどうにかできる変数を見つけ、プロセスをコントロールすること**なのです。

　最終的な受注の部分が自分では動かせない定数なので、変数のプロセスに注力すればいいのです。

図27　定数・変数とKPIツリー

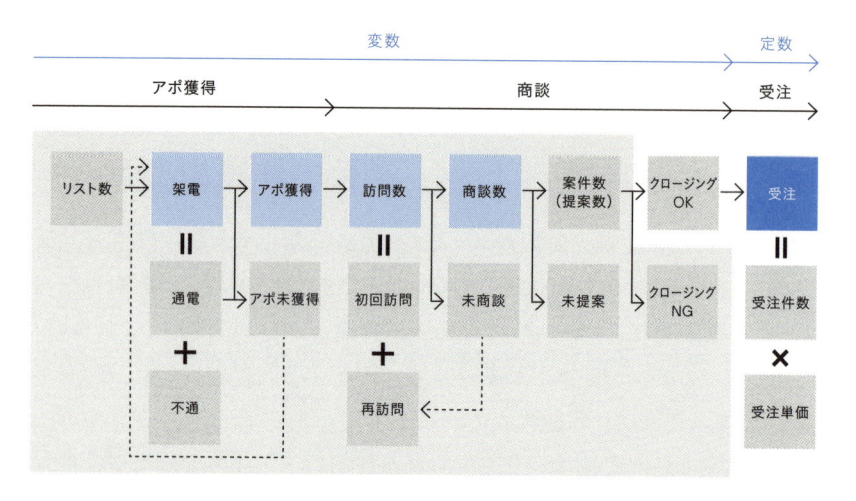

自分の力でどうにかできる変数を見つけて
プロセスをコントロールし続けることが重要

　たとえば今月の目標が10件の受注で、いま9件まで達成していたとします。残りは1件なので、もっとも受注に近い段階にある顧客にクロージングを試みます。

　ところが、繁忙期で顧客が時間をつくれないとの反応があったとしましょう。そのとき、いくら営業パーソンが「いや、何とかお願いします。あと1件なんです」と言っても、顧客にとっては関係のない話です。

　このとき、ある程度のバッファを見越して、ほかの案件をつくっておけば、あと1件を達成する確率はかなり上昇します。このようにプロセスを管理しておくことは、目標達成のためにとても大切なことなのです。

　さらに、知識編で紹介した「量質転化」の話も関係します。

　はじめから質の改善を目論んでも、質は劇的には変化しません。質を高めたければ、圧倒的な量を追求しなければなりません。量をどれだけ前倒しで実施できるかが鍵を握っています。

量も質も自己管理する

　これは私の実体験でもありますが、営業として入社したとき、2年目のまだ経験の浅い先輩でも、自分よりはるかに営業ができるように感じませんでしたか。

　私も当初は「すごいな」と思っていたのですが、途中であることに気づきました。

　「冷静に考えたら、いま自分がやっていることを、先輩たちは1年続けただけ。だとすると、先輩たちが1年かけてやった量を自分は半年から8ヶ月でこなすことができれば、すぐに2年目の先輩と同じようなレベルになれるのではないか……」

つまり、私はほかの人よりも量を追求したのです。その結果、量質転化が起こりました。

　ただし、量質転化はひたすら量だけやっても実現しません。量を追求しすぎると、質が反比例して下がっていく現象が起こります。はじめのうちは、量質転化が実現するまで思いきり量を追求すればいいと思います。ただ、質が上がり始めたとき、その後もひたすら量を追求していると、質が上がり切らない可能性が高くなります。

　そうならないために、**量と質もできるだけ数値化して管理します。量は数や件数です。質は率で見られます。だからこそ、両方のデータを取ることが大事なのです。**

　新人のころは両方とも数値が小さく、とくに率が低いはずです。しかし、一定の量をこなしていくことによって、受注率も多少上がり、量に伴って受注件数が増えていくはずです。

　とはいえ、量を増やすのには限界があります。たとえば、受注率が10％、商談化率が90％の人が100件の訪問数をこなしたら、受注件数は9件ですが、その人が訪問数を200件に増やせるわけではありません。

　ここで見るべきは質です。率をどのようにして上げていくかは、量とは別の世界になってきます。

　量が一定の水準で頭打ちになって、横ばいになったとき、その間に率が上がっていけば量質転化したと考えていいと思います。ただ、普通は質も一定水準で止まるため、量を目いっぱいやりながら質を上げる難度は高い。だとしたら、量を少し減らして質を上げる施策を取るほうが効果的です。

　ただ、キーエンスはそれを許さない組織でした。量をこなしながら質を上げ続けなければなりません。それができたのは、営業の型が確立されていたからです。

　本書は、営業の教科書として型を持たない営業パーソン、営業組織に型を身につけてもらう、つまり営業の質向上のために記した本です。量を

こなしながら質を身につけることは、一朝一夕ではできない大変な作業ですが、実現できれば世界が変わります。量をこなすのも大変ですし、質を上げることも大変ですが、きっといつか報われる。そう信じてやっていきましょう。

リードタイムの管理

これに加えて、リードタイムを管理しましょう。リードタイムとは、見込み客を獲得してから、実際に受注に至るまでの期間のことです。

数がわかるようになっても、リードタイムを把握していなければ、目標は達成できません。図28のケースでは、受注までに少なくとも35日間（5日間＋10日間＋20日間）かかるので、5月末の受注にしようと思って5月の頭に架電を始めていたのでは間に合いません。先ほどの**量と質に加えて、リー**

図28　リードタイム×会社平均と自分平均

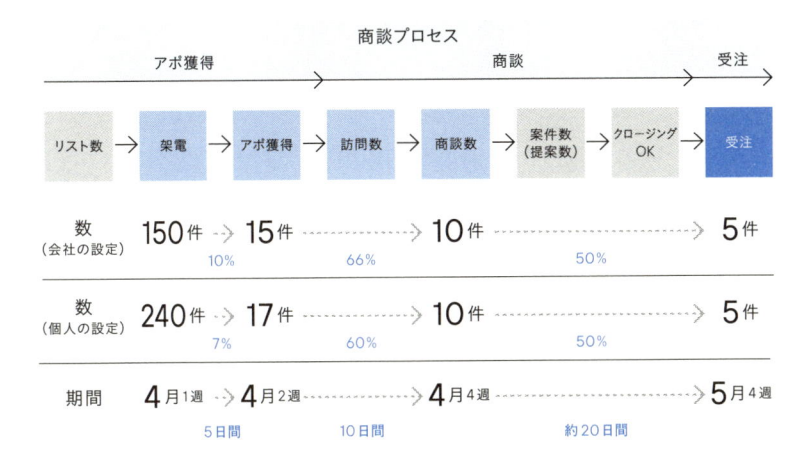

ドタイムも併せて把握する必要があることがわかります。

　数に関しても、会社全体の平均値と自分の平均値を比較しましょう。 図28のように会社全体の平均値と同じ5件の契約を実現していても、商談プロセスの内容を細かく見ていくと、会社平均の1.6倍の架電数にもかかわらず、そこからのアポ獲得率は会社平均以下の7%と、会社平均より効率の悪い営業をしてしまっていることがわかります。その点が明らかにならない限り、適切な管理ができたとは言えません。

　残念ながら多くの会社が、会社の平均値と個人別の平均値を出せていないことが少なくないと思います。これがなければ、営業パーソン個々の数値が適正なのか、高いのか低いのかがわからない。平均値があることで、自分の強み、弱み、課題がはじめてわかります。

　ここの切り取り方はさまざまです。売れる営業の場合は、会社の平均値と比べても常に自分の数値が高くなるので、比較に意味がなくなります。その場合は、売れる営業の平均値と自分を比較するためのデータを出す必要があります。

　私自身も取り組みましたが、**前年と今年の自分の変化を見るのも有効**です。基本的に営業は目標数値との闘いがありますが、自分との闘いも重視すべきだからです。仮に会社が平均値を出してくれないのであれば、少なくとも自分の数値を自ら管理することで、経年の比較だけはできるようになります。

　プルデンシャルでは、個人別の数値を出してくれていました。オープニングインタビュー（OI）から、ファクトファインディング（FF・ニーズ喚起）を経て、プレゼンテーション（P）に入り、クロージング（C）に至るまで、商談が始まってからのプロセスごとの数値が出されていました。これらの数値を件数と移行率に分解して提示してくれたので、個人としても管理しやすかったのです。

　おそらく、ほとんどの会社がこのようなデータを取っていないと思います

が、簡単なものであれば個人でもできるはずです。電話をかけた数、商談に入った数、受注した数ぐらいであれば、把握して管理することはそれほど難しい作業ではありません。

　組織的にこれができれば、さまざまな切り口で比較することも可能です。量×質の分布が生まれ、分布ができればグループ分けもできます。それぞれのグループに対する施策については、すでにお話ししました。

　簡潔に振り返ると、右上の売れる営業は自主性に任せ、右下のグループには量を増やす施策を行い、左上のグループには質を高める施策を行います（図29）。そして、左下の売れない営業にはまず量を増やす施策を行ってから、続いて質を高める施策を行います。これは、マネージャーがメンバーの指導をするための指標にもなるのです。

図29　営業の標準化イメージ

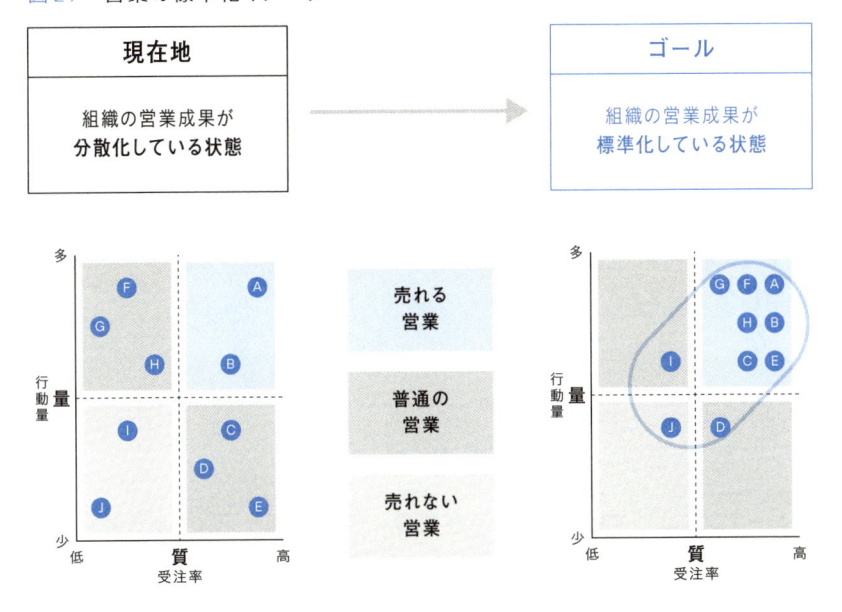

習慣・管理 ②
どのようなデータを
管理するか

　データには、定性データと定量データがあります。

　定性データは、定性的で数値化できない質的なデータで、原因や背景を把握するのに有効です。一方、定量データは定量的で数値化できる量的データで、成果や問題を把握するのに有効と言われています。わかりやすい例では、自由記述の日報などは定性データの典型です。どこに行き、どんな話をし、結果はどうだったか。**個々の解釈も加わるような日報（定性データ）は個別の価値はあるかもしれませんが、定量化できないためデータとして積み重ねて未来に生かすことがしづらいものです。対して定量データは架電数や訪問数など、シンプルに数値化できるものです。個別解釈が入り込む余地がなく、積み上げていくことで適切なデータとして将来の営業活動に生かせるものです。**

商談直後に即入力する
キーエンスのデータ管理術

　キーエンスは、ずいぶん前から商談後に定性情報を記入する日報を禁止しています。

　キーエンスの営業の最大のポイントは、データドリブンである点です。商談が終わったあと、ものの数分で入力できる設計にしてあります。しかも、すべて選択肢から決めるだけなので、手間がかかりません。なおかつ、営業パーソンは商談ごとに入力するので、選択肢にある10個程度の項目はほとんど記憶しています。慣れれば面倒に感じることもなく、スムーズに入力することができます。

　さらに、多くの営業パーソンはオフィスに戻ってから日報を書くため、それぞれの商談を思い出しながら書いていきます。それでは、情報の鮮度が落ち、抜けや漏れが出てしまいます。

　キーエンスの場合は、**商談が終わってまず最初に行うのがシステムへの入力**です。私が在籍した時代は紙でしたが、現在はすべて電子化されています。数分で入力してから次の商談に向かうのがルーティンです。

　ほかの企業にこの話をすると、信じられないという反応が返ってきます。なぜキーエンスにできてほかの企業にはできないのか。それはその行為が習慣として定着しているからです。それをカルチャーともいいます。

　それぞれの選択肢は、どのようなデータを取りたいのか、どのような解析をしたいのかという思想から逆算して導きます。それが決まれば、必然的に選択肢の数と内容は決まってきます。

　「今日面談した人は、決裁者でしたか？　YES or No」

　この質問が選択肢にあれば、嫌でも決裁者に会わなければならないと意識するようになるはずです。

　キーエンスの場合、このような定量データをもとに営業の解析をしています。たとえば、AさんとBさんがいたとします。AさんとBさんは受注件数は同じでしたが、Aさんのほうが受注率は高かった。内訳を見てみると、Bさんは架電によるアポイントがほとんどである一方で、受注率が高いAさんは紹介がかなりの比率を占めている。その解析結果から、ほかの営業パーソンに紹介営業を意識させることにつなげるといった具合です。こ

れはただの一例ですが、定量データが取れているからこそわかることです。

キーエンスはこれを月次レベルで解析しています。つまり、**データを定量的に蓄積し、その分析を行い、分析結果を利活用するというサイクルが回り、必ず施策立案までつなげています。**

実際のところ、キーエンスでは力を入れるべき施策が打ち出されていました。これが毎月変わるのは当然で、なぜならデータ解析から導き出される結論は毎月変わる生き物のようなものだからです。そのうえ、営業パーソンが会社から指示された施策をどの程度しっかりと遂行しているかというデータもすべて取っているのです。

企業によっては、あるいは営業パーソンによっては、こう考えることがあります。

「上が面倒なことをいろいろ言っているけど、そんなの無視していいよ。自分が行きたいと思ったところに行って、結果を出せばいいんだよ」

これでは、データ解析の意味がありません。キーエンスの営業パーソンは会社の指示から逃れられない一方で、その通りに実践すれば本当に成果があがる仕組みを組織が用意してくれています。

これは、いわば営業の「武器」が与えられているようなものです。

その武器が好回転を生んでいることを、キーエンスの営業パーソンはみんな理解しています。

「この入力作業は何のためにやっているのか」

「この入力作業と分析は自分たちのためにある」

これを理解しているからこそ、徹底できるのです。

また、キーエンスにはありのままに入力することがカルチャーとして根づいています。適当なことは入力できないし、嘘なんてもってのほかです。ありのまま正確に。だからこそ情報の正確性が高く、精度の良い解析ができるのです。

ほかの企業がSFA（Sales Force Automation ＝営業支援システム）の入力率

の低さに悩んでいるなか、キーエンスは昔から入力率100％を誇っています。その入力率100％のデータを、本社は速やかに解析してフィードバックし、具体的な施策として現場に還元する。このサイクルがスピーディーに回っているので、企業と営業パーソンの個々が有機的に機能しているのです。

「入力→フィードバック→成果」の
サイクルができてはじめて意味がある

　組織として営業力が上がらないのは、定性データとしての日報しか書かせていないことが理由のひとつです。もうひとつは、SFAを導入している企業でも、営業パーソンが単に入力を面倒臭いと思っているためです。

　その問題の元凶は、面倒臭さを超えるデータのフィードバックがないからです。何のためにやっているのかわからない。ましてや、日報を見ながらその日の商談をもとに上司と会話をすることはあるかもしれませんが、1ヶ月後、1年後に当時の日報を見て話すことはありません。日報をはじめとする定性データそのものが悪いというよりも、あとで振り返れないデータには意味がないのです。

　本来のSFAは、その情報（データ）をもとに未来をより良くするためのツールであるはずなのに、過去情報が溜まっていくだけで有効に活用されていないと思います。いわば企業の決算書と同じで、過去会計を見るだけでは意味がなく、未来会計を見ることに意味があるのと似ています。

　もちろん、定性データの日報を全否定するつもりはありません。保険業界で言えば、定性データも無視できない重要なデータです。その顧客の人となり、家族構成、家族との関係、誕生日をはじめとする特別な日などは、会話の糸口として軽視できないデータです。

　定性、定量の管理を企業がやってくれなくても、自分でできることはあります。それをするだけであなたの営業力はぐんと伸びるはずです。両方のデータを管理すれば、自分の行動も分析でき、課題も明確になります。

習慣・管理③
週次の行動管理

続いて、週次の行動管理について考えましょう。

毎週月曜日を迎えたときに、あなたは図30のような状態になっていないでしょうか。

今日は商談のアポイントは2件しか入っていないから、商談と商談の合間にアポ取りをするための時間をつくった。その結果、1週間が次のようなスケジュールになってしまった。

これはAさんのパターンです。Aさんは、この1週間で見るとアポ取りの時間は8時間、商談は12件です。

キーエンスの社内日と社外日

これに対し、キーエンスの動きは図31、32のようになっています。

最大の特徴は、**社内日と社外日を決めている点**です。週3日が社外日、週2日が社内日と明確に決まっているのです。

社内日は、アポ取りの電話しか行ってはいけない日とされています。こ

図30　よくある営業の週間スケジュール

**アポ取り〜商談〜受注までが営業部門の役割だとした場合、
よくある1週間のスケジュール**

【Aさん】毎日外出：移動時間14時間/週、アポ取り8時間/週、商談12件/週

月曜日	火曜日	水曜日	木曜日	金曜日
外出	外出	外出	外出	外出
移動	アポ取り	アポ取り	移動	移動
商談	移動	商談	商談	商談
移動	商談	アポ取り	移動	移動
	移動			
アポ取り		移動	アポ取り	商談
	商談	商談		移動
移動	アポ取り	移動		商談
商談		商談	商談	移動
移動	社内業務	社内業務		
社内業務			社内業務	社内業務

図31　キーエンスの社内日と社外日の時間割

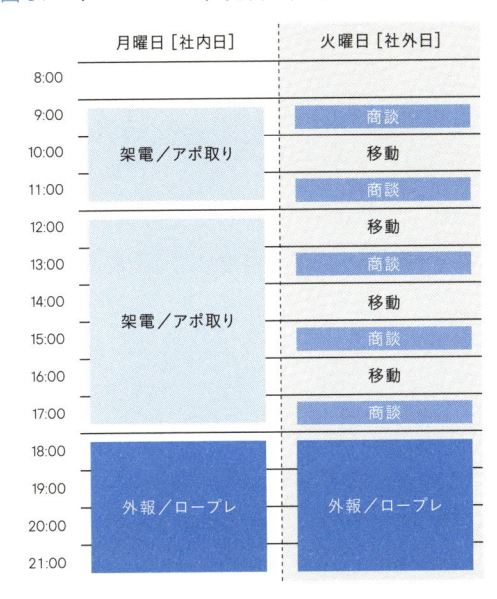

	月曜日［社内日］	火曜日［社外日］
8:00		
9:00	架電／アポ取り	商談
10:00		移動
11:00		商談
12:00	架電／アポ取り	移動
13:00		商談
14:00		移動
15:00	架電／アポ取り	商談
16:00		移動
17:00		商談
18:00	外報／ロープレ	外報／ロープレ
19:00		
20:00		
21:00		

**接触面積の
最大化のポイント**

・社内日と社外日は別
・コア業務とノンコア業務を区別し、
　定時中は顧客接触に注力する
・架電数は60〜80件/日
・社外日の商談数は5件/日
・会議や外報と指導
　（ロープレなど）は定時後

図32　キーエンスの社員の週間スケジュールの例

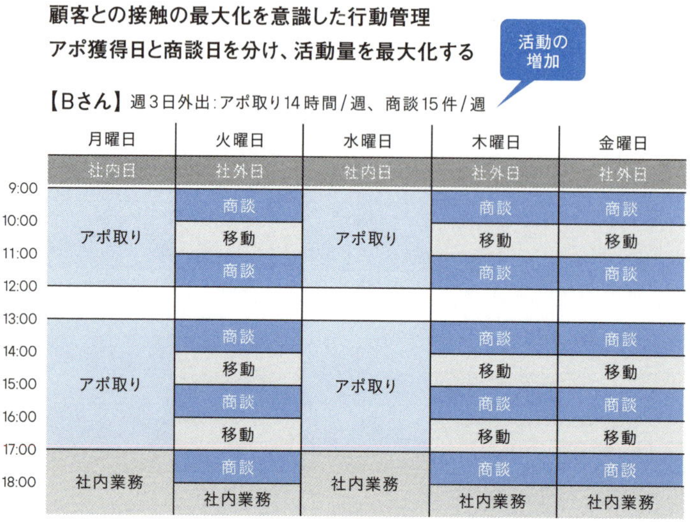

顧客との接触の最大化を意識した行動管理
アポ獲得日と商談日を分け、活動量を最大化する

活動の増加

【Bさん】週3日外出：アポ取り14時間/週、商談15件/週

	月曜日	火曜日	水曜日	木曜日	金曜日
	社内日	社外日	社内日	社外日	社外日
9:00		商談		商談	商談
10:00	アポ取り	移動	アポ取り	移動	移動
11:00		商談		商談	商談
12:00					
13:00					
14:00		商談		商談	商談
15:00	アポ取り	移動	アポ取り	移動	移動
16:00		商談		商談	商談
17:00		移動		移動	移動
18:00	社内業務	商談	社内業務	商談	商談
		社内業務		社内業務	社内業務

の社内日に、社外日において質が高く、かつKPI目標にもリーチできるアポイントをいかに組めるかが勝負です。言い方を換えれば、**目的が明確ではないアポイントは絶対に組むな**というメッセージです。

　一見すると、キーエンスの時間割は効率が悪そうに思えるかもしれません。ただ、キーエンスの場合はさまざまな試行錯誤を重ねた結果、この方式に落ち着いています。その結果、Bさんの1週間のアポ取りの時間は14時間、商談は15件です。Aさんに比べて、1週間の商談は3件多くカウントされています。

　週4日の社外日、週1日の社内日にできれば、さらに効率が良くなると考える人もいるかもしれません。しかし、それでは社内日が厳しくなります。平均すると、たった1日で4日分の質が高いアポイントを取ることになるからです。それは、どんなに能力があっても難しいことなのです。

　もちろん、キーエンスのスタイルが正解と言うつもりはありません。ただ、行動管理の一例としてこのようなケースもあることは知っておいて損はない

と思います。

　行動管理の最大の目的は、「限られた時間のなかで最大の成果につながる行動の量を追求すること」です。もちろん、量は多ければいいということではなく、成果につながる量を行動管理によって常に最適化することが大切です。いかに顧客との接触を増やす工夫をするか。それも、行動管理の重要な機能と言えます。

キーエンスのコア業務とノンコア業務

　キーエンスでは、さらにコア業務とノンコア業務を峻別し、定時の間はコア業務しかできません。営業におけるコア業務はアポ取りを含む顧客との商談、契約手続きなどです。ノンコア業務は資料作成、社内会議などです。定時中はノンコア業務はいっさいできず、架電の件数も通話時間もすべてカウントされているため、ごまかしはききません。むしろ、ノンコア業務に時間を取られてコア業務がおろそかになれば、自分の評価に直接はね返ってきます。

　現在は働き方改革の影響もあり、なかなかこの方法を取ることは難しいかもしれませんが、時間配分を工夫すれば応用できるはずです。たとえば午前中3時間、午後の3時間をコア業務に充て、夕方の2時間をノンコア業務に充てるなどの工夫です。

　さらに言えば、売れる営業は商談から商談への移動時間や隙間時間などで、知識のインプットを行っていました。

　営業という仕事柄、移動は避けられません。ただ、それは単なるノンコア業務であることに変わりはありません。それぞれの時間の使い方の習慣によって、成果には大きな差がついていきます。こうした小さな努力が将来の変化を決めるのです。

ロープレを習慣化する方法

　キーエンスでもプルデンシャルでも、スキルのアップデートは習慣化されていました。その最たるものがロープレです。

　ロープレは営業として誰もがやらなければならないとわかっていながら、後回しにしたり避けて通りたいと思ったりするものです。実際にやるとなると恥ずかしく、先輩や上司、同僚にダメな営業の烙印を押されるのが怖いという心理も働きます。

　だからこそ、キーエンスやプルデンシャルのように企業のカルチャーとして根づかせることができれば、自然とやるようになります。先輩が後輩に声をかけてやらせたり、後輩が先輩をつかまえて頼んだり、同僚同士でやってみたりするうちに、個人で自発的に取り組むようになっていくのが理想です。

　組織も個人も、ロープレをする習慣を確保するかどうかで、営業の成果は格段に違ってくるはずです。

　では、どのようにロープレに取り組めばいいのでしょうか。

　トークスクリプト、つまりその企業における営業の教科書のような型となる部分を完璧に覚え、それを実際の商談で駆使できるようになるまでやり込むのが狙いです。

　ただし、ロープレは目的ではなく手段です。ロープレをやったはいいが、それが実際の営業にうまく生かせなくては意味がありません。

　それを避ける簡単な方法があります。実際の商談を題材にすることです。

　よく質問されるのは、ロープレのシチュエーションとやり方です。私がキーエンスやプルデンシャルで取り組んでいたのは、ロープレのためのロープレではなく、実際の商談の予習・復習としてのロープレです。

　たとえば、翌日、力を入れるべき商談や難しい商談がある場合、その準備をする過程でロープレを行います。商談の状況やポイントを相手役に伝え、考えられる質問や反応、あるいは嫌な対応をしてもらい、それらに

対する切り返しなどを試みます。それについてフィードバックをもらい、最善のトークスクリプトを準備するのです。

よく勘違いされますが、ロープレは実際の商談と同じ長さでやる必要はありません。1時間の商談だからアイスブレイクから始めて1時間やらなければならないと身構える人もいますが、ポイントを絞る形で1回あたり10分から15分程度で構いません。

営業パーソンにとって、自己客観視ほど大切なことはありません。私が自己客観視ができるようになったのは、プルデンシャルのロープレからです。

特筆すべきは、**プルデンシャルでのロープレはカメラで撮影する点です。ロープレ後にモニターで再生し、その振り返りもやっていました。すると、嫌でも普段の自分の営業トークを客観的に見ることになります。**

「ちょっと話すスピードが速いな」「自分ばかりしゃべっているな」「こういう話の切り返しは逆効果だな」など、気づかされる点がたくさんあります。

もちろん、ロープレと実際の商談では、雰囲気や環境、プレッシャーが違います。キャッチボールや素振りと、実際の試合が違うのと同じです。完璧に再現できるわけではありませんが、その前提に立っても、やる意味はあるのです。

ロープレのやり方

最後にロープレのやり方をまとめておきます。
ロープレの効果はいくつもありますが、次の3点に集約できます。

- 顧客を想定した実践的なスキルを習得できる
- 本番を想定した成功体験を得ることができる
- 自分の課題を深く知ることができる

では、ロープレのやり方を見てみましょう。大きく、次の3種類に分かれ

ます。

①ケース型ロールプレイング

- 特定の場面を想定して実施するロープレ
- 顧客と商談する場面、断り文句に対する応酬トーク場面など、特定のシーンを想定して実施する。たとえば、うまくいかなかった事例、実際に起こった問題など
- 特定の状況やシーンを細かく想定することで、失注やNG理由を減らす対策として、あるいは特定の業種・業態への対策として有効

②グループ型ロールプレイング

- 2〜3人程度のグループに分かれて実施するロープレ
- 顧客役と営業役とオブザーブ、上司役と部下役とオブザーブなど、それぞれの役割を交代して実施する
- それぞれの役を交互に演じることにより、相手の立場でどのような声が欲しいか確認したいとき、双方の立場、視点から磨き込みをしたい場合に有効

③モデリング型ロールプレイング

- 代表者のロープレをあとから模倣するロープレ
- 代表者がロープレを実施し、あとから参加者全員でそのロープレを模倣する
- 代表者の内容を全員が模倣することで、決まった動作やトークスクリプトを同じ対応で身につけて欲しい場合、あるいはビジネス研修、マナー研修などにも有効

それぞれの特徴やメリットを押さえたうえで実践してください。基本的には、最初のケース型とグループ型のロープレの組み合わせがおすすめですが、難しい場合はケース型だけでも効果はあります。具体的なケースでやっ

たほうが、実際の商談とその後のスキルアップに生かせるからです。

さらに、ロープレの進め方も押さえておきましょう。

ステップ1　状況設定

○ 想定場面・目的・目標（ゴール）・ロープレの種類を決める

ステップ2　役割分担

○ 参加者それぞれの役割を決める

ステップ3　フィードバック

○ 参加者の改善点や課題を列挙し、伝える

　営業は型がすべてです。特徴を出すにも、まずは型をマスターしてから破るのが基本です。とくにロープレは、トークスクリプトをマスターするにも、個別の状況に対応するためのトークを磨くためにも、積極的にやる習慣をつけていきましょう。

習慣・管理 ④
日次の行動管理

　最後は日次の行動管理と案件管理です。

　毎日の仕事が、商談をやるだけ、数をこなすだけになっていませんか。ビジネスの世界にはPDCAがあります。ほとんどの人がご存じだと思いますが、問題はそれを実際に回せている営業パーソンが意外と多くはないことです。

　最近は仕事の質を高めるサイクルとして、OODA（ウーダ）が注目されています。OODAはObserve（観察）、Orient（方向づけ）、Decide（意思決定）、Act（行動）というサイクルです。

　さまざまな機会でPDCAとOODAのどちらが良いか質問を受けます。私の結論から言えば、OODAは営業に合っていません。

　OODAはもともと、戦争の話です。戦場で突発的に重要な意思決定をしなければならない場合、まずは戦況の把握が必要になるため、観察から入っていきます。その状況から戦局をどのように展開させたいかを検討して方向づけ、それを決断して実際に動く。こうした軍事的な意思決定の方法として生まれたものがビジネスに応用されています。

　おそらく、**新しい商品やサービスを生み出すときには、OODAが最適で**

しょう。迅速な意思決定が必要な場面、状況が不確実で情報が不完全な場合、競争優位を維持する必要があるときなどに向いているからです。

　しかし、長期的な計画が重視される場合、安定した環境、変化が少ないプロセスが効果的なケースでは、むしろシンプルなPDCAが適しています。PDCAは継続的な改善が必要で、計画的で体系的なアプローチが求められる安定した環境が向いているのです。

営業にとっての鉄板PDCA

　営業は即断即決が必要な場面もありますが、そこまで迅速性が求められるわけでもありません。数ヶ月単位の長期にわたってプロセスを計画的に踏めるものなので、営業はPDCAが向いています。

　お伝えしたいのは、**多くの営業パーソンが「DDDD」に陥っている点です。営業活動はルーティン化しがちなので、何も考えず、何も振り返らず、何も準備せずに動いている人がたくさんいます。**

　実際、しっかりと商談の準備ができている営業パーソンは、全体の16％しかいないというデータもあります。その理由は、時間がない、顧客の情報がないなど、やらない言い訳を並べているだけです。営業におけるシンプルなPDCAは次の通りです。

- 明日の商談の流れを考える（P）
- 計画した流れで商談をする（D）
- 今日の商談を振り返る（C）
- 改善点を明確にする（A）
- その改善点に基づいて次の商談の流れを考える（P）
- 計画した流れで商談をする（D）

　現在、量が課題の人はひたすらDを遂行することを考えればいいでしょう。しかし、質が課題の人がDを遂行し続けても、ほとんど効果はありま

せん。むしろ、PとCが不足している点に留意し、磨いていきましょう。

　私が営業パーソン時代に力を入れていたのは、結局のところPとCです。 商談の前に準備したり、事前にロープレしたりするのはすべてPです。そして、商談が終わったあとに成功や失敗の要因を考える。それらはすべてCです。売れる営業はみな、このサイクルを意識しています。

勝ちパターンのひとり作戦会議

　商談前に売れる営業が行っているのが「勝ちパターンのひとり作戦会議」です。ポイントは次の通りです。

- ゴールから逆算したストーリーの構築
- 仮説の解像度を上げるための事前の情報収集

　みなさんは、商談の事前準備をするときに、最終的に顧客からどのような言葉をもらいたいとイメージしているでしょうか。大切なのは、**顧客から最終的に言ってもらいたいことをゴールに設定し、そこから逆算してストーリーを構築すること**です。

　「○○さん、こんなに素晴らしい提案をしてくれてありがとう」

　この言葉をもらうのがゴールだとすると、そこに至る過程でどのようなストーリーを踏みたいと思っているか。つまり、準備をするときは実際の商談とは逆の流れで考えるのです。

　そして、仮説の解像度を上げることが実際の商談の成否を分けることになりますが、そのためには事前の情報収集、それまでの商談中のヒアリングの質が高ければ高いほど精度の良い仮説が立てられます。すると、その顧客との商談に合ったストーリーがより描きやすくなります。

　ゴールから逆算したストーリー構築の具体例があればイメージしやすいかもしれません。

「今回ははじめてのご紹介だけど、費用対効果は高いし、ほかの会社よりも良い。導入実績もあって安心だから、御社のサービスにお願いすることにします」

これをゴールに設定したとしましょう。

まず、費用対効果が高いとみなしてもらうには、それをアピールする必要があります。もちろんそのエビデンスは必要で、さらにそれをアピールするためには、顧客からどのような質問をされればいいかについて逆算しなければなりません。

「うちの会社だと、どれくらいの売り上げ、コスト削減効果が見込めますか？」

「どれくらいの時期でできますか？」

これらの質問をしてもらうには、こちらはどのような質問をすればいいかも逆算します。

さらに実績をアピールするための資料を準備し、それを商談で聞かれるための誘導方法も考えておきます。

「何社くらいが活用していますか？」

「うちの会社と同じような事例はありますか？」

「いまやったほうがいい理由はなんですか？」

このとき、事前の情報収集の精度が高ければ高いほど逆算の精度は上がります。

理想と現実の差を明確にする振り返り

商談後の振り返りも重要です。商談では、理想と現実の差が必ず発生

します。それを明確にすることが次の商談につながります。振り返るときの
ポイントは、「どのようなデータを管理するか」の項でお話しした定性データ
と定量データです。

　キーエンスがやっているのは、特別なことではありません。徹底して
PDCAサイクルを回しているのです。その徹底具合が飛び抜けているので
驚かれますが、誰もが面倒臭がるようなこと、やるべきことを当たり前に実
践しているだけなのです。

　キーエンスの行動指針は「目標意識」「目的意識」「問題意識」でした。
**すべての行動を起こす前に、必ず「その目標はどこに置く?」「それをやる
目的は?」と聞かれます。そして、何らかの行動を起こしたあとには、成功
しようが失敗しようが「どうしたらもっと良くできた?」という問題意識を常に
問われていました。**
　そのため、常にPDCAを考えざるを得ない環境がつくり出されていたの
で「目標意識」「目的意識」「問題意識」に繰り返し思考を巡らせ、実行
する習慣が嫌でも身につくのです。
　私の場合、キーエンスでその土台ができていたため、プルデンシャルに
移ってからも事前に目標、目的を設定し、1日が終わるごとに問題意識を
もって考えたことで、常に変化を認識することができました。

　問題意識を持つ習慣があれば、何をどのように変化させればいいかに
気がつけます。PDCAで言えば、PとCを意識することがポイントです。基
本的なことですが、毎日の営業を振り返る習慣をつけましょう。
　うまくいった場合は、なぜうまくいったのか。うまくいかなかった場合は、
なぜうまくいかなかったのか。その原因を明確にし、言語化しましょう。そ
こから、より良くするための思考と行動を導き出し、実際にアクションを起
こすのです。それが、小さな変化になります。
　うまくいかなかったときは、上長からその理由を聞かれることがあります。
それをきっかけに自省、内省ができる人もいます。ただ、うまくいったとき

に振り返りができる人はほとんどいません。私は、むしろそこがターニングポイントになると考えています。

「うまくいった！　よし、受注したぞ！」

多くの人はここで終わってしまいます。しかし、**うまくいった原因が明確にならなければ、再現性を担保することができない**のです。

成功要因の分析方法

うまくいった原因を明確にするためには4つの方法があります。

1 自分自身で内省する。なぜうまくいったかを自分で深く考える
2 商談に同行者がいた場合は、同行者と一緒にディスカッションしながら振り返る
3 同行者がいなくても、先輩や上司にその日の商談の内容を事細かに報告し、客観的にうまくいった原因のフィードバックをもらう
4 直接顧客に聞く

4つ目の「直接顧客に聞く」が、もっともハードルが高そうです。しかし、実際にその答えを持っているのは顧客だけです。受注という判断を下したのは顧客で、それ以外はこちら側の推測にすぎません。顧客の意見以上にたしかなものはありません。

「このたびはありがとうございます。ご契約いただいて嬉しいのですが、後学のためにどのようなポイントで契約しようと思ってくださったのか、教えていただけませんでしょうか」

そもそも顧客との関係が構築できているからこそ契約までたどり着いたわけで、だとするとあまり緊張することなく聞けると思います。契約に至る過程で、これまでご説明してきた4つの壁を乗り越えてきたのですから、顧客

との関係は緊密になっているはずです。

　もし関係ができていなくても、それを聞くことによって関係が深まる可能性も十分に考えられます。そのプラスアルファのメリットを享受するためにも、勇気を出して聞いてみてください。契約という判断を下した原因を聞かれたら、顧客自身も内省モードに入り、改めて考えてくれるものです。

「そう言われてみれば、どうしてかな……」

　顧客自身がその原因に気づけば、「私はこういう理由で契約したから、あなたもこの商品の話を聞いてみない?」となる可能性もあり、それはのちほどお話しする紹介営業に生きてきます。

　うまくいかなかった場合でも、私は顧客に理由を聞いていました。

図33　ジョハリの窓

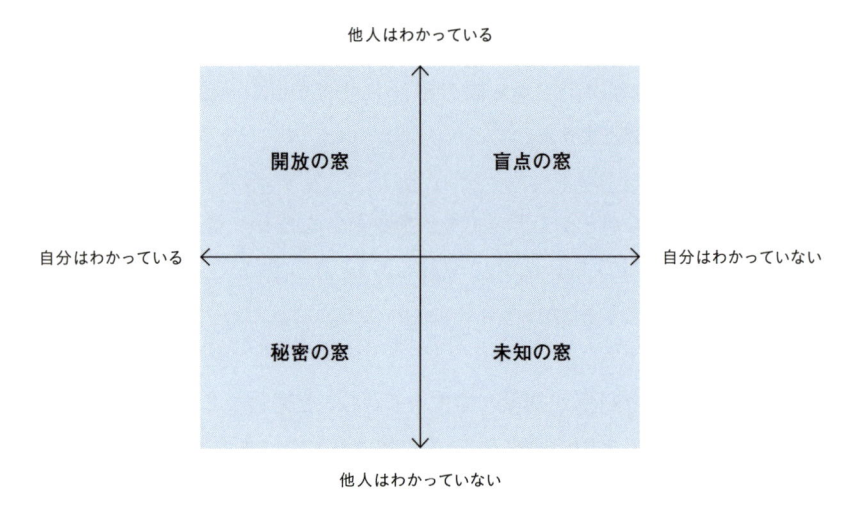

「成功・失敗の要因」はどこかにある

他人はわかっている

開放の窓　　盲点の窓

自分はわかっている　　　　　　自分はわかっていない

秘密の窓　　未知の窓

他人はわかっていない

「私がどう受け取るかは気になさらないでください。私が傷つくようなことでも、はっきりおっしゃってください」

「私はまだまだ若輩者なので、自分の成長のためにもストレートに教えてください」

この4つの方法で挙がった理由は、すべてが同じものになるとは限りません。場合によってはすべて異なる理由になる可能性さえあります。それらの理由が複合的に関与したから失注したという結論も考える必要があります。

おそらく、これは「ジョハリの窓」（図35）のようなものです。ジョハリの窓は、自分自身が見た自分の認識と、他人から見た自分の認識の差を可視化し、自己理解を深めるための心理学の考え方です。開放の窓、秘密の窓、盲点の窓、未知の窓をすべてクリアにすれば、真の自分が見えてきます。

それと同じように、自分、同行者、その場にいなかった先輩や上司、顧客という全部で4つの視点から振り返り、分析することで、商談の結果に関する真の原因が突き止められる可能性が高くなるでしょう。

もうひとりの自分が見ている感覚で商談に臨む

すでにお話ししたように、営業にはプロセスがあります。それら一つひとつが閾値をどれだけ超えたかによって、受注ないしは失注につながる確率が高まっていきます。

それでも、ほかのすべてのプロセスで閾値を超えても、この人は信頼できないという評価が下されれば契約には至りません。そうした複合的な要素について、顧客は意識的に考えたり、数値化したりしているわけではありません。しかし、潜在的な感覚として判断を下す材料にはなっています。

4つの壁についても同じことが言えます。不要・不適・不急はクリアしても、不信の壁がある限り契約には至りません。

　よく陥る落とし穴は、自分自身で内省する技術の不足です。

　私は、商談をしているときはいつも、もうひとりの自分が上から見ているような感覚で臨んでいました。そうすることで、自分を起点に顧客を見る視線と、俯瞰した状態から2人（ないしは複数）の商談を見る客観的な視線を同時に持つことができ、内省する材料を手に入れやすくなります。主観だけだと、振り返りをしても自分の目に映った顧客の言葉や態度しか見えません。その顧客の言葉や態度の原因となった自分の言葉や態度が、どうしても見えないのです。

　それが象徴的に表れるのが**「伝える」**と**「伝わる」**の違いです。

　主観でしか見ていない人からしたら、自分の伝えたメッセージは、すべて相手に伝わっていることになります。しかし、客観的にものを見ている人には、顧客の表情、目、態度と自分の言葉や態度を分析したときに、伝えたけれども伝わっていなかったことがわかるはずです。

　だとすると、伝わっていなかった「そのとき」の表現を、次はこのように変えてみたら伝わるのではないかという仮説が内省によって生まれます。次の商談の機会に、それを試してみるだけで、小さな変化が起こせるのです。そこでうまくいくか、うまくいかないか。それをまた内省すれば試行錯誤する「ネタ」が増え、成長にもつながります。

　過去と他人は変えられませんが、未来と自分は変えられる。そのためのスタートが、自己客観視なのです。

第5章 まとめ

☐ 目標達成の極意として、KGIを設定し、KPIツリーを作成したうえで、プロセスをコントロールしよう。

☐ 目標達成のコツとしてリードタイムと会社や個人それぞれの数値を把握しよう。

☐ 週次の行動管理の極意は、活動効率を最大化できるようにスケジュールを組むことである。

☐ 日次の行動管理の極意は、商談の事前準備と商談後の振り返りである。

☐ 商談前の準備は、ゴールから逆算したストーリーの構築と情報収集である。

☐ 商談後の振り返りは、顧客も巻き込んで理想と現実の差を明確にすることがポイントである。

成果を
あげ続けるための
営業の原理原則
【心構え編】

心構え ①
成長マインドを持つ

　知識編で、営業には「やり方」と「あり方」があり、「やり方」が4つの要素のうちの知識とスキルであり、「あり方」が習慣・管理と心構えであると説明しました。

　営業の質を示す「受注率」を上げるためには、「知識／スキル」の「やり方」に加えて「習慣・管理／心構え」の「あり方」が求められるわけです。

　多くの人は、売れる営業の知識やスキルなどすぐに使えるテクニックを求める傾向がありますが、「日常の心構えや行動、習慣」が変わらないと、圧倒的な成果はあげられません。

　成果という頂上にたどり着くには、行動が伴わなければなりません。その行動を裏づけるのが知識やスキルをはじめとするやり方です（図33）。

　ただ、やり方を熟知しても、それが小手先のテクニックになってしまう可能性があります。それでは、このピラミッドは崩壊してしまいます。成果をあげるための高くそびえ立つピラミッドにするには、土台を強固にしなければなりません。

　その土台が「あり方」です。あり方には大きく2つの要素があります。そ

図34　営業成果を出すためのピラミッド

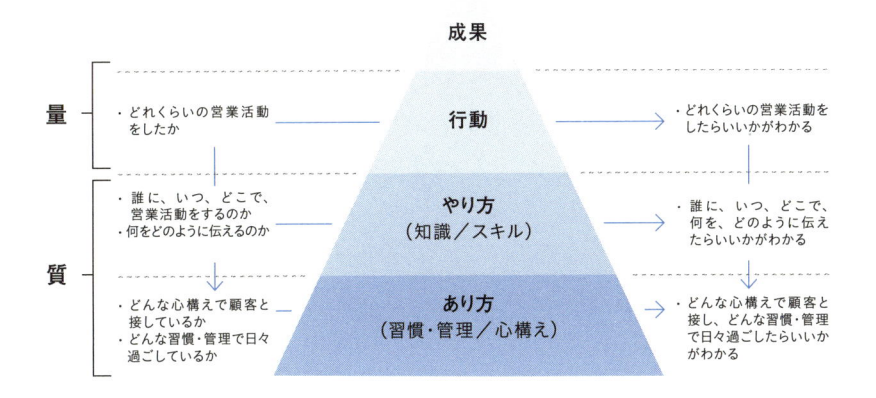

**売れる営業の共通点は
あり方（習慣・管理／心構え）を重要視していること**

成果

量

・どれくらいの営業活動をしたか　　**行動**　　・どれくらいの営業活動をしたらいいかがわかる

質

・誰に、いつ、どこで、営業活動をするのか
・何をどのように伝えるのか　　**やり方**（知識／スキル）　　・誰に、いつ、どこで、何を、どのように伝えたらいいかがわかる

・どんな心構えで顧客と接しているか
・どんな習慣・管理で日々過ごしているか　　**あり方**（習慣・管理／心構え）　　・どんな心構えで顧客と接し、どんな習慣・管理で日々過ごしたらいいかがわかる

れが「心構え」と「習慣・管理」です。そして、この2つのうち「心構え」こそが、真の土台となります。

**どんな心構えで顧客に接しているか。
どんな習慣・管理で日々を過ごすと成長につながるか。**

　一見すると、営業の成果にはつながらないと思われるかもしれません。しかし、売れる営業の行動をよく見ていると、このあり方を重視していることがよくわかります。私も、営業パーソンだった時代には、とくにこだわっていました。

　私がこの考えに至ったのは、プルデンシャルの創業者である坂口陽史氏も大切にされていた次の言葉がきっかけです。

考えが変われば行動が変わる
行動が変われば習慣が変わる
習慣が変われば性格が変わる
性格が変われば人格が変わる
人格が変われば人生が変わる

　心構え、つまり考えは、最後は人生にまで影響する。そう考えると、営業パーソンとしてのあり方が軽視できないものであることがおわかりいただけると思います。かの有名なダーウィンも次の名言を残しています。

　「もっとも強い者が生き残るのではなく、もっとも賢い者が生き延びるのでもない。唯一生き残ることができるのは、変化できる者である」（チャールズ・R・ダーウィン）

　あり方にこだわる。しかし、あり方が間違っていると思えば、躊躇なく変える。この変化こそが、あり方の基本なのです。

　さて、みなさんはさまざまな夢を持っていると思います。

- 好きなことを仕事にしたい
- 仕事で成功したい
- お金持ちになりたい

　それを実現するために、みなさんは日々のあり方をどのように考えていますか。良いと思ったあり方に、常に変化させようとしていますか。
　これを営業の分野で見てみると、売れる営業に共通する4つのマインドが明確に浮かび上がってきます。

1　成長マインド

    2 達成マインド

    3 顧客マインド

    4 ポジティブマインド

　営業の仕事は、ルーティン化してしまう傾向があります。変化させなくても、ルーティンを回すだけで、それなりに業務は進むからです。

　何事もそうですが、ルーティンを回すだけでは次第に成果は頭打ちになり、やがて下降していきます。

　そうならないためにも、変化していく必要があります。

成長マインドとは

　では、「成長マインド」「達成マインド」「顧客マインド」「ポジティブマインド」の4つのマインドをどのように捉え、どのように変化させていけばいい

図35　1.01の法則

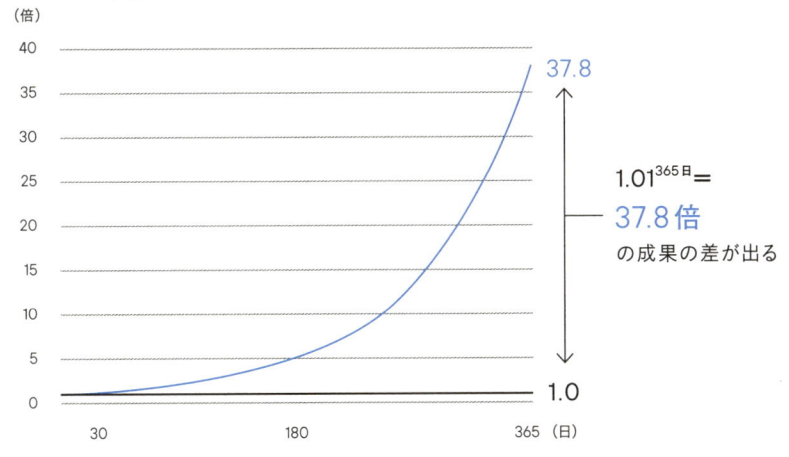

1日に何かひとつでも自己成長することで
1年後には大きな成果の差になる（1.01の法則）

のか。その説明をしていきましょう。ひとつ目は、成長マインドです。

「自分はもうできる」と思った瞬間に成長は止まってしまいます。売れる営業は成長に貪欲で、成果をあげるためにできることを常に探しています。これが成長マインドです。

- 売れる営業の商談に同行する
- 売れる営業に自分の商談に同行してもらう
- 売れる営業にロープレを見てもらう
- 売れる営業にロープレを依頼する
- 売れる営業に「なぜ成果をあげられるのか」を徹底的に聴く

多くの人は「そんなお願いをしたら申し訳ない」「売れる営業は忙しいから……」と遠慮しがちです。人として配慮（相手へ思いやりをもって気にかけること）はすべきですが、遠慮（相手に対して自分の行動を控えめにすること）をする必要はありません。もちろん、自分の頭で考えることも大事ですが、すでに経験者がいるのですから聴いたうえで自分なりに考えたほうが近道です。

売れる営業を真似しましょう。彼らがやっていることを自分のものにしましょう。私はこれを積極的にやってきました。

そして、**売れる営業がなぜ売れるのかを自分なりに言語化してみましょう。**言葉にできるかどうかは本当に大事です。言葉にすることで気づくことは多く、その過程で営業の真髄にたどり着くことができます。

私が好きな考え方に**「1.01の法則」**というものがあります。

図35のように、スタート地点は同じです。ひとりは、毎日何も変化をさせない人。1を365回かけても1でしかありません。もうひとりは、毎日0.01というごくわずかな変化を積み重ねている人。1を通常の状態だとすると、

1.01は変化した状態。1.01を365回かけると、37.8という数字になります。

　つまり、**何も変わらない人と毎日1%でも成長している人では、1年で37.8倍の差が生まれます。**成長マインド次第では、たった1年で大きな差になり、3年、5年経つと挽回不可能なほどの差になるのです。

自責思考こそ成長につながる

　因果の法則というものがあります。

　簡単に言えば、物事には必ず原因と結果があり、過去の原因によって未来が決まるという法則です。因果の法則に基づくと、現在は過去の結果であり、未来の原因になることになります。

　いま、何をするか。いま、変化させるか。

　それによって、未来は必ず変化します。過去と他人は変えることはできませんが、未来と自分は変えられるのです。

　それを踏まえると、うまくいかない原因を他人や環境のせいにする「他責思考」と、問題の原因は自分自身にあるとする「自責思考」があったとき、どちらに立てばいいかは、おのずと明らかです。

　営業で成果をあげている売れる営業は、ほとんどが自責思考を持っています。ところが成果をあげられない売れない営業の多くは、他責思考に陥っています。営業の世界は、他責思考に陥りやすい傾向があります。

　「いまは景気が悪いから仕方がない」
　「この顧客はものわかりが悪いから契約につながらない」
　「うちの商品が悪いから売れるわけない」

　心構えによっては、いくらでも他責にできてしまうのです。

　自責思考のマインドを持ち、ベクトルを内に向けることで、改善策が出てくるようになります。

「自分が立てたアクション、目論見が甘かったからだ。上方修正しよう！」

「確度Bのヨミの精度がほかの人よりも低い。定義を見直そう！」

「提案まで進んだのに、そこでの失注が多かった。提案のロープレをしよう！」

　私自身も、何か悪い結果が起こったときは、原因は自分にあると言い聞かせてきました。それによって、自分が変化するきっかけが生じるからです。

　習慣・管理のパートで「自分ではどうすることもできない定数ではなく、自分でどうにかできる変数を見極めよう」という話をしましたが、もちろん自分ではどうすることもできないことだってたくさんあります。定数は仕方ないと割り切っていいのです。しかし、他責思考の癖がつくと、本当は自分でどうにかできたことなのに、それに気づけずに成果があがらないという状態に陥りやすくなってしまいます。常に自責思考で捉えられるようになると、うまくいかなかった場合でも何らかの改善策が思いつきやすくなり、成果につながりやすくなるのです。

　もちろん、なんでもかんでも自責しろというわけではなく、あくまで「自責思考マインド」でいると、他責思考では絶対に気づけないであろう大切なことに気づくこともできると伝えたいのです。

心構え ②
達成マインドを持つ

　営業パーソンには目標があります。ただ、それは一般的に、企業として達成すべき今期の数字でしかありません。そこから逆算し、半期、四半期、月次、週次にこれくらいの数字を達成したいというのが、支社、支店、部署、チーム、個人に割り振られているだけです。

　個人に目標が定められていても、それは自分が達成したいと考えて決めた目標ではなく、与えられた目標にすぎません。

　人間は、目標がなければ頑張れません。それをよく表しているのが、次の言葉です。

「なんとなく散歩をしていて、気がついたら富士山の頂上に着くことがありますか?」

　富士山に登るのであれば、富士山の頂上に立つという明確な目標があるからこそ登れるわけです。それほど、目標を持つことは重要です。

　ロサンゼルス・ドジャースの大谷翔平選手が高校生のときに書いた「マンダラチャート」が有名ですが、大谷選手は明確な目標を持ったからこそ、それに向かって努力し、成功を勝ち取ったのです。いくら才能に恵まれて

いても、目標が曖昧なままでは大きな成果をあげることはできないでしょう。

しかし、私も含めて人間は弱い生き物です。誰でも大谷選手のようになれるわけでもなければ、頑張れるわけでもありません。だからこそ意志に頼るのではなく、目標を逆算して分解し、仕組み化してしまうことが大切なのです。

目標は宣言することで達成しやすくなる

プルデンシャルには当時「3W」という目標がありました。毎週3件の契約を預かり続けるという、かなりハードな目標です。

私もそれを目標にしていましたが、達成しなくても困るわけではありません。私はこれを利用し、「3Wを達成できなければプルデンシャルを辞める」と宣言することで、目標の達成を自分に強制しました。しかし、1週間などあっという間に終わります。気づけば水曜日、木曜日になっていることがほとんどで、慌て、焦り、胃がわしづかみにされるような緊張を味わいました。それでも何が何でも目標を達成しないといけない状況に自分を追い込んだからこそ、実績をつくることができたのです。

このように、目標を達成しなければいけない状況に自らを追い込むと、不思議といろいろなアイデアが湧いてきます。いまとなっては笑い話ですが、私は道を聞かれた人からも保険契約を預かったことがあります。

大阪駅は、人種の坩堝とも言えるほど、さまざまな人が歩いています。観光に来ている人も多いので、よく道を聞かれることがありました。

「○○にはどう行けばいいですか?」

私はこれをチャンスと思い、こう伝えます。

「ちょっとわかりにくいので、ご案内しましょうか」

そう言って、一緒に歩き始めます。場所によっては10分ぐらいかかるところもありますが、基本的にはほんの数分で着くところです。その間、その人と会話を交わします。

　当然ですがお互いのことをまったく知らないので、不信の壁はかなり高い。それでも、そこから最終ゴール、つまり「その話、別の機会に聞かせてもらえませんか」と言っていただけることを目指して道案内し、保険契約にたどり着いたのです。

　この話のポイントは、逆算です。目的地に着くまでの時間から逆算し、どのような構成でストーリーをつくるかが重要なのです。もちろん、目的地までの距離によって話の内容も変わっていきます。
　「ここは着くまでには時間がかかるから、少し無駄話をしてもいいな」
　「ここは近くて早く着いてしまうから、早めに切り出さないとダメだな」
　そこまで考え、ストーリーを構成しました。いまとなっては、こんなことは二度とやりたくありませんが、当時の私には３Ｗを絶対にやりきるという強い目標があったからこそ、この発想が湧いてきたのです。
　生命保険の面白いところは、健康な人全員が見込み客である点です。その人が健康であるかどうかは見かけだけではわからないので、街に出れば全員が見込み客に見える。当時はそんな心境でした。このエピソードを話すと、同じ保険業界の人からも驚かれます。しかし、**達成マインドさえ持てれば、手段はいくらでもある**ことをお伝えしたかったのです。

目標達成のコツは目標を分解し、小さな成功を積み重ねること

　組織に与えられた目標は、無味乾燥でそれほど情熱を傾けられないのが普通です。自分で立てた目標でさえも、なかなか達成できないことのほうが多いでしょう。だからこそ、目標達成のマインドを持つためには、自ら宣言することが重要なのです。
　そして目標を達成するためにもうひとつ大切なことが、最終的な目標を分解して小分けにし、その小さくした目標の達成を積み重ねることです。

「小さな目標を設定し、毎日少しずつ達成していく」

これが目標達成の最大のコツです。

反対に、大きな目標というのは達成が困難です。たとえば、ダイエットをしようと考えたときに、「1ヶ月で10キロ痩せる」「朝と夜に10キロランニングする」という目標を達成し続けるのは、ハードルが高いことがイメージできると思います。

しかし、「甘いものを1日1回までにする」「朝と夜に腹筋を20回ずつ行う」であれば達成できそうです。そして、この目標を達成したら、次は「甘いものを2日に1回にする」「朝と夜に腹筋を30回ずつ行う」といったように、徐々に達成の難度を上げていきます。

このように「達成マインド」で重要なのは、大きな目標をいきなり達成しようとすることではなく、大きな目標を達成するための「小さな目標」を階段のように設定することです。

そして、それを毎日少しずつ達成していくことが重要です。それができたら、次の目標へとつなげていく。これを繰り返すのです。その結果、勝ち癖がついて自信へとつながり、その先に最終的な目標の達成があります。

私自身、先ほどお伝えした毎週3件の目標が達成できた要因は、目標の締めを月単位で考えるのではなく、週単位で区切ったことが大きかったと思っています。まだ2週間、1週間あるから何とかなるだろうという甘えを捨て、限られた1週間のなかでどういった行動を取るべきかという思考が研ぎ澄まされたからです。

逆に、「達成できないマインド」になってしまう場合は、無意識に「達成しにくい高すぎる目標や階段を設定」していたり、「そもそも目標を達成するための階段が見えていない」ことが多いと思います。

そうすると負け癖がつき、負のサイクルに陥りやすくなってしまいます。

どんなに小さな目標であっても、それを積み重ねて大きな成果につなが

れば、自信が生まれます。ただし、それと同時に気をつけなければならないのが「**謙虚さを失うこと**」です。

　目標を達成し続けると、周囲から評価され、自分でも「登り切った」という達成感を持つようになります。その状態が続くと、人は知らず知らずのうちに傲慢になりがちです。他人を見下すような態度を取ったり、周囲の助言に耳を貸さなくなったりする。その結果、社内でも浮いた存在となり、顧客からも応援されなくなってしまうかもしれません。常に高い山を登り続ける必要はありません。でも、たとえどんな地点に立っていても、「今の自分はまだ道の途中だ」と思える謙虚さだけは忘れないようにしてください。

達成マインドを持つために必要なロールモデル

　達成マインドを強くするためには、自分の身の回りにロールモデルを見つけることも重要です。

- 仕事においてあなたがこれから伸ばしたい能力・抱えている問題は何か
- 自分が伸ばしたい能力や目指す行動ができている人が周りにいるか
- その人の何が優れていると思うか
- 優れている部分はなぜできるようになったと思うか
- そのなかで自分でもできそうなことは何か

　こうしたことを考えながら、自分にとってのロールモデルを探してください。

　ロールモデルは特定のひとりである必要はありません。この部分はこの人、別の部分はあの人という形でも構いません。全部できるような人はなかなかいません。自分がこうなりたいという項目別のロールモデルを探す形でも目的は果たせるはずです。

　とくに中小企業の場合は、そもそも絶対的に人の数が足りないので、ロールモデルを見つけること自体が難しいかもしれません。

中小企業は、社員の年齢層がバランスよく分布していません。よく見る分布として、50代から60代の大ベテランがいて、間を飛ばして経験の浅い20代まで人がいない。20代の人からすると、50代から60代の先輩は大ベテランすぎて、ロールモデルとして最適ではありません。ステップアップしていく段階ごとに見るべきロールモデルが欲しいのに、完成形を見せられてもやるべきことが見つかりません。

　もし自社にロールモデルがいなければ、他社で見つけてもいいと思います。ただ、他社との交流がなければそれも難しいので、そのときは営業に関する書籍やユーチューブなどを参考にするといいでしょう。
　ロールモデルが見つかり、その人の真似をしているとロールモデルに近づけます。近づけば近づくほど解像度も上がるので、目線を広げることができるようになったら、その人よりも優れた人を見つけて新たなロールモデルにしてください。

心構え ③
顧客マインドを持つ

　営業とは顧客の課題解決である。これについては、知識編の原理原則で触れました。自分の売りたいものを押しつけるのではなく、「相手にとって本当に役立つものは何か」を考える。それこそが顧客マインドです。

　「この商品を売りたい」ではなく「このお客さまにとって最適な提案は何か」という姿勢を常に持ちましょう。また、「相手が何を言ったか」ではなく「相手が何を感じているか」を意識することが大切です。

　営業は「約束を守る」仕事です。「売ったら終わり」ではなく、顧客に対して最後まで責任を持つ意識が成果につながります。

　これは大袈裟ではなく、営業の提案は相手の会社、その人の人生に影響を与えます。「売れるなら何をしてもいい」という営業は、いっときの成果は出るかもしれませんが、続きません。

顧客マインド＝他者志向型GIVER

　世の中の人は、次の３つに分類できると言われています。

- GIVER ＝人に惜しみなく与えることができる人
- TAKER ＝真っ先に自分の利益を優先する人
- MATCHER ＝損得のバランスを考える人

このなかで、もっとも成功しているのはGIVERです。

GIVERには2つのタイプがあり、それを「他者志向型GIVER」と「自己犠牲型GIVER」といいます。他者志向型GIVERは相手によって自分のスタンスを変化させられるタイプで、自己犠牲型GIVERは自分を犠牲にしてまで人に尽くすタイプです。

成功するのは他者志向型GIVERで、自己犠牲型GIVERはうまくいきません。自己犠牲型GIVERはTAKERの餌食にされ、都合よく利用されてしまうため、逆に成功からは離れると言われています。

一方で、他者志向型GIVERは他者と同様に自分も大事にするので、与え方に無理がなく長続きすると考えられています。結果として自分のGIVEが周りに波及し、周りに助けてもらえる好循環が生まれます。

こうした差異が、成功にもっとも近づくか、成功からもっとも遠のくかという違いを生み出しています。

一番成功するのも、逆に一番成功しないのも「GIVER」なのです。

他者志向型GIVERになる方法

GIVERとTAKERはセールスシップとカスタマーシップとも言い換えることができます。

セールスシップとは、営業として売り上げを伸ばして目標を達成する姿勢です。いわばFor meな姿勢とも言えます。

それに対してカスタマーシップとは、顧客の役に立ち喜んでいただく姿勢です。こちらの姿勢はFor youと言えるでしょう。

セールスシップが強すぎると、一見するとTAKERのように受け取られま

す。その一方で、カスタマーシップが強すぎると自己犠牲型のGIVERになり、ただの良い人、ボランティアになりかねません。

そのため、どちらかに偏るのではなく、ほど好いバランス感覚を保つ必要があります。

あくまでイメージですが、私が営業をする際には、商談中に天井から客観的に自分を見るように心がけていたと言いました。いまの発言は営業色が強かったと思った場合には、カスタマーシップの姿勢を心がけるようにしてバランスをとっていました。

とくに営業においては、商品・サービスの売り上げを伸ばすことが求められるため、一般的にはセールスシップが強くなりがちです。そのため、心当たりがある方は、圧倒的にGIVEの精神が必要です。もらう一方のTAKE&TAKEはもってのほかですが、先にもらってから与えるTAKE&GIVEでもなく、与えてからもらうGIVE&TAKEでもなく、GIVE&GIVEの精神を心がけましょう。なぜならば、与えることが与えられることにつながるためです。

これには「返報性の原理」という法則が関連してきます。相手から何かを受け取ったときに「こちらも同じようにお返しをしないと申し訳ない」という気持ちになる心理効果のことです。

たとえばFacebookやX、InstagramといったSNSの「いいね」機能が挙げられます。SNS上で自分の投稿に「いいね」をつけてもらえたら、相手の投稿にも同じように「いいね」をつけたくなります。

このように、好意を持って好意を持ってほしい人には、まず自分から好意をGIVEすることで、相手からも好意が返ってくる確率が高くなるのです。そういった意味でも営業パーソンは真っ先に顧客にGIVEをする必要があります。

顧客の役に立つような「知識の提供」や「人の紹介」「ちょっとした手土産」などがその一例です。顧客に喜んでもらう工夫がGIVEの要素になるので、顧客と向き合うときはGIVEの精神で臨みましょう。

トップセールスにガツガツした人がいない理由

いまでこそ私もセールスシップとカスタマーシップのバランスが大事だとわかっていますが、営業初期のころは理解できていませんでした。私の営業人生における最大の挫折は、プルデンシャルの1年目がちょうど終わろうとしていたときでした。先ほどお話しした毎週3件の契約を預かり続けるという3Wのせいで、セールスシップが強くなり、思うような成果があがらず、負のサイクルに陥ってしまったのです。

このときにセールスシップとカスタマーシップのバランスの重要性に気づきました。保険の営業は、一度の面談で決まることはまずありません。商談プロセスとして、ヒアリング、提案・クロージングのプロセスに分かれます。その前提に立つと、同じ顧客に対して初回の面談を今週に行い、同じ週に2回目の面談として提案・クロージングを組めることのほうが少ない。通常は、翌週や翌々週に設定するのが一般的です。

そうなると、3Wを達成すべき1週間というサイクルのなかで、アポイントをバランスよく回していくことが求められます。

しかし、負のサイクルに陥ると、焦って前倒しにしようとするあまり、その健全な回転ができなくなります。たとえば初回の面談で、本来であれば2回目でやるはずの提案・クロージングに入ってしまいます。

仮に押しが通用して契約してもらえたとしても、もともと保険への加入を考えていた顧客ではない場合、「その場の勢いに気圧されて契約してしまった」というモヤモヤが残り、クーリングオフにつながってしまうことがよくあります。当時の私は、本来手段のはずの3Wが目的化してしまい、解約やクーリングオフが続いて何のために営業しているのかわからなくなりました。

おそらく、営業で苦しみ悩んでいる人ほど、「顧客のため」「売ろうとしない」「カスタマーシップ」と言われても、きれいごとに聞こえてしまうかもしれません。

しかし、これはきれいごとではなく、営業の本質なのです。

実際、世の中の売れる営業は、誰もが「ザ・営業パーソン」のような雰囲気を持っているわけではありません。プルデンシャルの歴代のトップセールスは、**「内心はガツガツしていても、それを表にはまったく出さないタイプ」**がほとんどです。

どの組織もこのような成果をあげられる人を求めていると思いますが、**私はNPO法人で働く人や、プライベートでボランティア活動を行っている人も、営業パーソンとしての高いポテンシャルを秘めているのではないかと考えています。**

なぜならその人たちは、もともとカスタマーシップが強いからです。カスタマーシップの強い人がセールスシップを身につけていくほうが、営業パーソンとしての伸びしろがあると思っています。逆に、根がTAKERの人にカスタマーシップを植えつけるのは、本当に難しいことなのです。

ただし、ノルマに追われていたり、自分の目標を最優先したい気持ちになってしまったり、何かをきっかけに誰しもTAKERになる可能性はあります。一度この状態になると、負のサイクルにも陥りがちです。

もしいま、そのようなサイクルにいる自覚がある人は、一度立ち止まって次の質問を考えてみてください。

- あなたが顧客だったら、客観的に見てあなたから買いたいと思いますか？
- あなたが顧客だったら、あなたの提案を受け入れますか？
- あなたが顧客だったら、あなたのサポートが必要と思いますか？
- あなたが顧客だったら、困ったことが起こったときにあなたに相談すると思いますか？

これらの質問に常に「はい」と自信をもって答えられるようにしましょう。

もし自信をもって答えられないようであれば、過去に行った商談の顧客

の反応を思い出してみましょう。

- 顧客から否定的な意見や反対意見が出たのはどのような場面だったか
- どのようなやり取りのなかで反対意見が出たのか
- 顧客の表情が曇ったのはどのような場面だったか
- どのようなやり取りのなかで表情が曇ったのか

　因果の法則と同様に、これらには必ず何らかの因果関係があるはずです。もちろん、顧客の表情が明るくなった場面、顧客が納得した場面でも構いません。顧客の課題は何か。顧客は何に困っているのか。邪念を取り払い、純粋にそれを考えるだけでカスタマーシップの感覚が掴めてくるはずです。

心構え ④
日常生活から営業は学べる
と気づいたキーエンスの
「説得面接」

「どうやって営業のトレーニングをしたらいいですか?」

よくこんな質問をされます。

営業は仕事の現場でしか学べない。多くの人には、そういう意識が刷り込まれているようです。しかし、ここまでも書いてきましたが、営業は日常生活でも鍛えることができます。

このきっかけになったのが、キーエンスの就職面接のときでした。大学3年生で受けたキーエンスの面接で、面接官からいきなりお題が出されました。

「私はお茶を飲むのはペットボトル派ですけど、いまから3分以内にペットボトル派の私を水筒派に変えてください。では、どうぞ」

いわゆる「説得面接」です。大学生の私からすると、その体験は新鮮でした。面接後も、ゲーム感覚で友人とやっていたので、かなり鍛えられたと思います。

キーエンスの面接でもうひとつ面白かったのは「なんでなんで面接」です。

営業をやったこともない自分に対して、面接官はいきなりこう言ってきます。

「田中さん、これから営業職になると思いますが、営業職において必要な資質や能力を3つ挙げてください。その理由も教えてください」

わからないなりに、3つのことを話します。

「わかりました。そのなかでとくに大事だと思うものはどれですか?」

「二番目に答えた○○です」

「わかりました。それをお答えになった理由を3つ教えてもらえますか?」

この「3つ、3つ、3つ」が永遠に続くのです。少しでも抽象度が高いことを言うと、確実に突っ込まれます。

もちろん、すべてを完璧に答えられる学生などいません。むしろ、論理的思考能力や、現場での咄嗟の対応力、仮説構築力など営業において必要な能力を備えているかについて見ています。これは商談の現場でも日常的に必要な能力なので、困ったときにどういう対処ができるかを面接で見られています。

日々の何気ないことでも「なんで?」と自分に問うことで、営業力は鍛えられます。そのとき、相手方(顧客)を尊重し、顧客が望んでいること(もしくは答え)を考える姿勢が重要なのは言うまでもありません。

日常のコミュニケーションから営業を考える

私が日常生活でも営業が学べるという考えに至ったのは、小学生時代に伏線がありました。

授業が終わったあと、いつもみんなで「今日はサッカーをやるか」「いや、野球をやるか」でひと悶着ありました。昔から私は自分がやりたいと思ったことを通したい性格だったので、自分がサッカーの気分だったらどうしてもサッカーがやりたいと主張しました。

ところが、ほかのみんなが野球の気分のときには、いくら主張しても噛み合わず、時間だけが虚しく過ぎる経験をしてきました。

しかし、あるときを境に、相手の話をしっかり聞くようになりました。
「なんで今日はそんなに野球がやりたいの?」
「でもさ、サッカーだったらこんなこともできるよ、あんなこともできるよ!」
　明確な理屈があったわけではありませんが、コミュニケーション方法を変えてみたのです。すると、自分が望む方向に持っていけるようになった。そんな原体験があります。

　日常生活はそんなことにあふれています。
　妻と外食するとき、自分はラーメンを食べたいけれども妻がうどんを食べたいと意見が割れることは日常茶飯事です。2人の意見が違ったとき、どうしたらうどん派の妻をラーメン派に変えられるか。知識編の4つの壁を乗り越えるためのワークでも触れましたが、これはまさに営業です。
　私は、日常のコミュニケーションそのものがすべて営業の学びになると考え方を変えてからというもの、一気に営業力が上がりました。つまり、**営業は日常生活でいくらでも鍛えられる**ということなのです。

心構え ⑤
ポジティブマインドを持つ

　営業は断られることが当たり前です。当たり前ですからそこで落ち込んでも仕方がありません。

　「売れない」と悩むのではなく、「どうすれば売れるか?」に思考をシフトさせましょう。それこそがポジティブマインドです。

　仮に、あなたの提案が受け入れられなかった原因が、顧客に「課題がなかったから」だとしましょう。顧客の「課題がない」という言葉を「課題がないなら仕方がない」と額面通りに受け取って終えるのか、「いや、課題がないのではなく、気づいていないだけではないか?　実は潜在的なニーズがあるのではないか?」と解釈し思考を巡らせるのか。もちろん、ポジティブマインドを持つ人は後者です。

　提案した場面で「すぐに決めてくれない＝負け」ではありません。関係を築けたことを前向きに捉え、定期的にフォローして信頼関係を築くことで、将来的に成果につなげる種をまくのです。

失敗して当然

　営業の世界では、商品やサービスの受注率が7〜8割になることはまずありません。通常は2割、3割あればいいほうです。

　みなさんに伝えたいのは、失敗を楽しむ心構えを持とうということです。**失敗は成功への過程です。成功の反対は「何もしないこと」です。誰でも失敗して当たり前なのです。**もちろん瞬間的に落ち込むこともあるでしょうが、しかし、失敗するのが当たり前の世界では、いちいち失敗に心を折られていたら身が持ちません。むしろ失敗を楽しみ、失敗から得られる学びや気づきを大切にしてください。

　元メジャーリーガーのイチロー氏の日米通算成績は、3割2分2厘だそうです。あの「安打製造機」のようなイチロー氏でさえ、3回に2回は失敗していることがわかります。イチロー氏ほどではありませんが、過去に一流と言われたプロ野球選手は、3割を打てばその称号が得られます。実に、10回のうち7回は失敗しているのです。

　キーエンスの新人時代、社内日に電話でアポイントを取っていましたが、基本的には断られることが大半でした。当時はメンタルがやられ、自分は無能なのではないかと辛くなった記憶があります。

　また、保険営業のスタートは自分の知り合いへのアプローチから始まります。それしか見込み客がいないので、望むと望まざるとにかかわらず、そうするしかありません。

　このとき、自分の人間関係の通信簿があからさまになります。自分としては仲が良いと思っていた人が、保険営業に転職して連絡した途端に着信拒否される。そんなことは珍しくありません。一方で、それほど仲が良いわけではないと思っていた人が話を聞いてくれ、応援してくれることもあります。

　ただ、味方になってくれる人は多くはないので、大部分の保険営業はデビューして1ヶ月目から2ヶ月目で評価の悪い通信簿を体感することになり

ます。それまでそんな体験をしたことがない営業パーソンは、そこで心が折れてしまうことも少なくありません。

大切なのは発想の転換です。あまりにも失敗が続くと、感情が負のサイクルに入ってしまいます。そうならないためにも、「失敗して当然」と割り切って考えるようにしてください。

攻略ルート探索ゲーム

営業を登山にたとえると、頂上への数あるルートのうちどれを選択するかが勝負の分かれ目になります。ところが、売れない営業にはひとつか2つのルートしか見えていません。

「ああダメだった、またダメだった」

「ダメだ、もうこの商品は売れない」

選択肢が少なければ、そうなるのは自明の理です。営業はルーティンになりがちだと言いましたが、ルーティンになれば選択肢は増えません。選択肢がなければ、攻略のチャンスは限られてしまう。だからこそ、楽しみながらルートを増やすことを考えるべきなのです。

「今日はこのルートで行こう。ダメだったか。じゃあこんどはこっちのルートから行こう」

ルートの探索を楽しむぐらいの心持ちでいいのです。ある意味で、**営業は「攻略ルート探索ゲーム」**と言ってもいいかもしれません。

キーエンスやプルデンシャルには量と質を徹底的に追求する仕組みと型があるため、誰でもある程度の成果があがります。しかし一方で、売れる営業と売れない営業はどうしても出てきます。では、なぜそうなるのでしょうか。

それは、営業の型をベースにしながらも、さらに自分なりの小さな工夫を積み重ね、山に登るルートを増やしているからです。それが「守破離」で言うところの「破離」です。守がなければ破離がないように、「型」が

あってこその「型破り」です。

　それでも、失敗は起こります。型をマスターし、ルートをたくさん持っても、必ず成果が出るとは限りません。しかし、成果をあげるには型をマスターし、ルートをたくさん持つ以外に道はありません。失敗を悔やむのではなく、失敗から学んで新たなルートを開拓することを楽しみましょう。

落ち込みそうになったときの考え方

　とはいえ、落ち込みそうになることはたくさんあります。商談で契約を逃したとき、顧客から厳しいフィードバックをされたとき、目標を達成できなかったとき、社内の評価が低いとき、上司から叱責されたとき、自分がミスを犯したとき……挙げればキリがありません。

　生命保険の営業は単に断られるだけでなく、名刺交換をした直後に「保険はもう間に合ってますから」と強い口調で否定されたり、「あいつは知り合いに生命保険を売ってるみたいだから気をつけろ」と陰で言われ、その嫌な言葉がふとしたときに耳に入ってきたりすることもあります。

感情的にならずに原因を冷静に捉える

　商談がうまくいかなかったとき、嫌なことを言われたとき、そのようなマイナスシーンこそ、感情的にならず「なぜそうなったのか？」を冷静に分析することが重要です。

　先の生命保険の例で言えば、出会ったばかりで嫌な顔をされたり、変な噂を流されたり、過去の私も実際に「自分は悪いことをしているのかな」と感じてしまうことがありました。

　しかし、いざお客さまと接すると「いままでよくわかっていなかった生命保険のことがよくわかったので教えてくれてありがとう」「なんでこの話をもっ

と早く教えてくれなかったんですか（笑）」といったポジティブな反応が返ってくることもあり、自分がやっていることは間違っていないと思える言葉をいただくことも増えていきました。

　つまり、自分が否定されているのではなく、従来の生命保険営業の悪いイメージが先行していることが大きな要因だったのです。それに気づいてからは、たとえ否定されても捉え方を変えることで落ち込むことはなくなりました。

　相手が否定したり、断ったりするのには何らかの理由があります。否定されたときこそ、感情的にならずにその理由を明確にするようにしましょう。その理由がわかれば落ち込むこともありませんし、次の成果につながる改善点に気づけることもあります。

　私の場合は「原点に立ち返る」ことも、負のサイクルから脱出する方法のひとつでした。自分はそもそもどんな想いで営業職を選んで、そのなかでなぜこの業界、この会社を選んだのか。その環境で何を成し遂げて、自分はどうなりたいのか。この原点に立ち返り、いまの環境が間違っていないと思えたら、辛い、しんどいという感情よりも、いま目の前にある壁をどう乗り越えようかと主体的に考えられるようになります。

割り切る&忘れる

　落ち込みそうになったときは、割り切ること、忘れることも大切です。要因を分析する、原点に立ち返るといった方法はとても有効ですし、できる限りやったほうがいいですが、人間には感情があります。いくら感情的になるなと言っても、それを押し殺していては心身がもちません。

　身も蓋もない言い方ですが、良いこともあれば悪いこともあると割り切って忘れてしまってください。相手のきつい言葉が心に残ることもありますが、

それは相手のコミュニケーションの取り方が悪かっただけと割り切って、忘れてしまいましょう。

また、趣味でもいいですし、家族や友人との時間でもいいですが、自分が何をしたらご機嫌になるかを考え、その予定をあらかじめ確保しておいてください。

私は、もともとバックパッカーをしていたこともあって、根っからの旅行好きです。まとまった時間が取れるようであれば、知らない土地を旅することでリフレッシュしています。

そこまでの時間がないときは、好きなものを食べたり、友人と会ったりすることで精神的に回復しています。身体的にはジムで身体を動かし、サウナやマッサージに行きます。ここでのポイントは、これらの予定をあらかじめ確保しておくことです。

多くの人は心身ともに疲労困憊してからリフレッシュするための行動を起こしますが、それよりも先に予定に組み込んでおくのです。つまり、対症療法ではなく予防療法を心がけます。

営業は身体を使いますし、精神的にすり減ることも多い仕事です。せっかく営業の知識やスキルを持っていても、心身のバランスが崩れた状態では最高のパフォーマンスを発揮できません。そういった意味ではアスリートと同様に、自分の心身のバランスを常に高い状態で維持することも役割（仕事）のひとつです。まずは自分が何をしたらリフレッシュできるか、心から楽しいと思えるか、疲れを癒せるかを考え、予定に入れておきましょう。

心構え ⑥
モチベーションの考え方

　仕事をしていれば、誰もが「向上心を持て」「モチベーションを上げろ」といった言葉を投げかけられたことがあるでしょう。

　私も含め、キーエンスやプルデンシャルにはそもそも向上心の塊のような人しかいなかったので、実はこれまで、あまり深く考える機会がありませんでした。

　しかし起業してから、さまざまな営業パーソンの方と触れる機会が増えるにつれ、向上心やモチベーションを持てないことに悩んでいる人が多いことを知りました。

　その原因を私なりに分析してみると、**「成功体験がないこと」**が大きな要因と考えられます。

　就職するにあたって、何らかの目標を掲げて仕事や企業を選び、第一志望に入れたかどうかはともかく、入ったからには目標に近づけるように揉まれながらも進み続ける。多くの人が、このようなマインドを持っているでしょう。

　ただ、うまく目標達成できればいいのですが、仕事はそうそううまくいくものではありません。再三申し上げているように、営業に十分な教育体制を敷いている組織は少なく、未熟なまま現場に放り出されるケースが多

いため、右も左もわからないまま失敗し、負のサイクルに陥る。このときに、目標を達成した成功体験がある人は、目標に対してさまざまな角度から再チャレンジできるのですが、成功体験がない人はどう打開すればいいかがわからず、途方に暮れてあきらめてしまう。そうして、当初は持っていたはずのモチベーションは消え失せ、仕事はただ食い扶持を稼ぐための「ライスワーク」になってしまうのです。

成果をあげればモチベーションはついてくる

キーエンスは企業として、これさえやれば絶対に売れるという仕組みや営業の型をつくりあげ、その通りにやることを求めます。その通りにやれば結果につながる。結果が出れば、それが成功体験になります。そうやって、組織全体が正のサイクルを回っているのです。

ただし、その通りにやっても成果にバラつきは生じます。

一般的な組織構造で生まれるパフォーマンスの分布は「2・6・2」になりますが、売れない営業をつくらないというキーエンスにおいては、それが「7・2・1」という分布になります。つまり、生産性が高くなるのです。

一方で、キーエンスが定めた仕組みや営業の型だけで、その分布になるわけではありません。とくに「7・2・1」の分布における「7」の売れる営業は、企業が定めた仕組みや営業の型を大切にしながらも、それに対して独自の工夫を加えている人たちです。彼らは常に成長マインドを持ち、常に変化を起こし、より高いところを目指しているのです。

自分のモチベーションはどこにあるか?

このように、モチベーションのような不安定な要素に頼らない組織の仕組み化をベースにしているのがキーエンスです。この考え方であれば、モチベーションは無理に上げなくても構いませんし、モチベーションがなくても何も問題ありません。

キーエンスのような仕組み化された組織は強い。しかし、プルデンシャルのように、メンバーのモチベーションを上げる施策をさまざま用意して結果を出し続けている組織があることも事実です。

　この辺の考え方は、人によって合う・合わないもあります（どちらかというと、私自身はモチベーション高く仕事をしていたいタイプです）。

　モチベーションの源泉（原動力）は人さまざまです。「まずは成果をあげて成功体験を積み重ねる」ことが一番ですが、自分のモチベーションのありかを知っておくことも重要でしょう。

　成果報酬（数字に燃える）がモチベーションになる人もいれば、承認（人に認められたい）が重要だという人もいます。自身の成長（できなかったことができるようになる喜び）に価値を感じる人もいれば、使命感（商品・サービスを売る意味）を重視する人もいる。現在やっている営業を将来の独立への手段と捉え、そのために頑張るという人もいるでしょう。

　あなたのモチベーションはどこにありますか？　それが見つかると、仕事はさらに楽しくなりますし、成果もあげ続けられるようになるはずです。

心構え ⑦
無敵の紹介営業に
たどり着くために

「新規営業の営業手法」について横軸にコスト、縦軸に受注率の観点でまとめてみたのが、図36です。

私の経験から導き出したものですが、縦軸が受注率の高低（上が高く下が低い）、横軸がコストの高低（左が高く右が低い）になっています。「飛び込み営業」や「テレアポ」などはコストは低く抑えられますが、受注率も低い傾向にあります。これらの営業手法はいわゆる「アウトバウンド」と呼ばれます。

それに対して、「展示会」や「コンテンツマーケティング」などが「インバウンド」と呼ばれる営業手法で、受注率が高い反面、コストも高い傾向にあります。

さて、受注率が高く、コストが低いもっとも望ましい象限にはどのような営業手法があるでしょうか。

それは**「紹介営業」**です。紹介営業がもっとも効率の良い営業手法と言っても過言ではありません。

紹介営業につなげるための重要なポイントは、**営業パーソンと顧客、そ**

図36　新規営業の営業手法

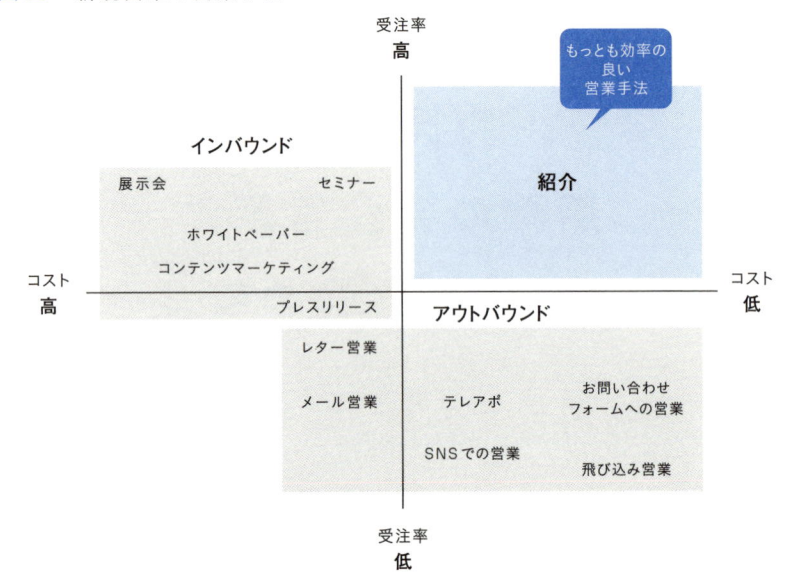

して紹介先の「三方良し」を意識することです。それぞれのメリットは次の
通りです。

営業パーソン
- 契約率が高くなる
- リードタイムが短くなる
- 広告宣伝費が節約できる
- 次の紹介が生まれやすくなる

顧客（紹介元）
- 自分自身が良いと思っている商品やサービスを、知人・友人と共有・共感できる
- 紹介先から感謝される
- 紹介料などの特典を受けられる場合がある

紹介先

- 知人・友人が満足した商品やサービスのため、確実性・安心感がある
- 値引きなどの紹介特典を受けられる場合がある

このように、紹介営業のメリットはそれぞれにあります。この「三方良し」を意識して営業活動を行うだけでも、格段に紹介につなげやすくなります。

多くの営業パーソンは、契約を目的にしています。しかし、契約を目的にすると、契約を実現した時点でまた新たな見込み客をはじめから探す必要があります。

ところが、プルデンシャルがそうだったように、紹介を目的にすると、契約はプロセスのひとつにすぎなくなります。契約後に紹介していただくことで次の商談が発生し、図37のようなプロセスをグルグル回せるようになります。

図37　紹介営業のサイクル

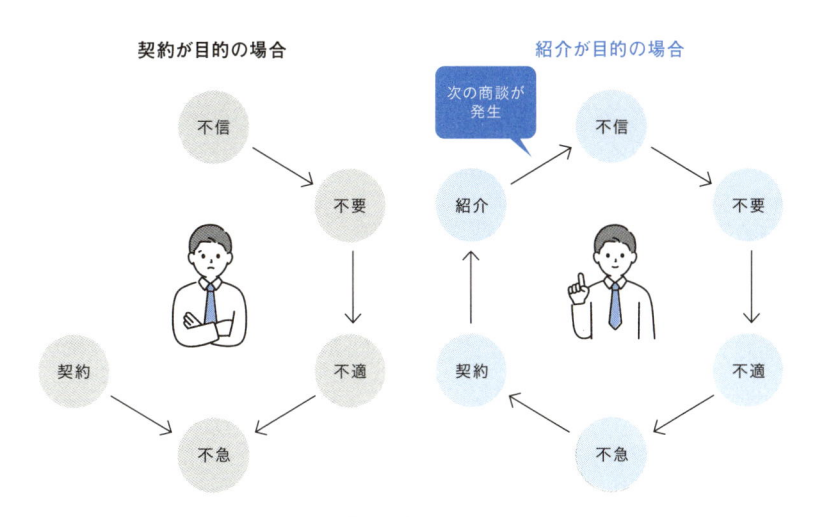

「契約」ではなく、「紹介」を目的に営業活動をしよう

しかも、商談の最初に発生する不信の壁は、紹介の場合は通常よりも低くなることが多くなります。次のサイクルが有利に進められるのです。

紹介営業につなげるコツ①関係者を洗い出す

プルデンシャル時代、私が意識していたのは、まずは関係者を洗い出すことです。家族・同僚や部下・上司・コミュニティ・大学時代の友人・小中高時代の友人・地元の友人など、顧客とコミュニケーションを取るなかで把握していきます。

営業「ちなみに、普段のお休みの日はどのように過ごされているのですか?」
顧客「そうだな、大学時代の友人と会ったりしているかな」

その言葉で、顧客は大学時代の友人との関係が深いことがわかります。さらに、そこを掘り下げていきます。

営業「そうですか。どういうご友人なのですか?」
顧客「大学のサッカーサークルの仲間なんだよ。卒業してもけっこう会っているよ」

このような会話から、この顧客は家族との関係が深いのか、小学校、中学校、高校の友人や地元の友人と仲が良いのか、といったように何らかの関係が見えてきます。それを契約時まで記憶に留めておきます。

その後、契約を獲得するまでは全力で営業に傾注し、次のステップを踏むのは契約が決まってからです。それは、紹介してもらう相手の優先順位をつけてもらう作業です。さまざまな関係者がいますが、私のたどり着いた結論は、**優先すべきは会う頻度が高い人**ということです。

　いくら大学時代の友人と仲が良くても、会う頻度が半年から1年になってしまうと、紹介のお願いをしにくいはず。やってくれたとしても、かなり先まで待たなければなりません。しかも、久しぶりに会う友人に向かって、営業パーソンから依頼された保険の話をするでしょうか。忘れてしまうか、覚えていても気軽には言い出せないと思います。

　やはり、普段から頻繁に会っている人のほうが、話のついでにしゃべりやすいのです。その意味では、今日、明日にでも会う人のほうがいいでしょう。

　優先順位についてもうひとつのポイントは、影響を与えられるかどうかです。部下が先輩や上司を紹介するといっても、先輩や上司が「話を聞こうか」とはなりにくい。むしろ、先輩や上司から部下というパターンが圧倒的でした。

　「わかりました。○○先輩に言われたら聞きます!」

　そういうケースはかなり多く、その意味で影響力は重要なポイントになります。さらに、同僚や友人の場合でも、部活であればキャプテンを務めていた人、サークルであれば代表を務めていた人、同窓会を取りまとめているような人など、影響力がありそうな人を優先します。

紹介営業につなげるコツ②
紹介してもらう人数を絞り、期限を決める

　紹介してもらう人数を絞ることも重要です。

　プルデンシャル時代の私は、顧客に紙を渡して紹介先を書いてもらっていました。ほとんどの顧客が、何人もの紹介先を書いてくれます。多い人で10人ぐらいの名前が出ます。ところが、たくさんの紹介先を書く人に限って、紹介先として実現しないことが多かったのです。

　その経験から、**人数を絞ってもらったほうが確度が高くなる**という結論に至りました。

「お知り合いの方はたくさんいらっしゃると思いますが、たくさん書かなくて結構です。○○さんにとって本当に大切な方をひとりか2人で結構なので教えていただけますか」

それくらい絞り込んでもらいます。さらに、期限を決めます。期限を決めなければ、人は動かないからです。

営業「ご紹介ありがとうございます。その方とはいつお会いする予定ですか」
顧客「明日会う予定ですよ」
営業「わかりました。では、2日後に確認のご連絡をさせていただいてもよろしいでしょうか」

紹介は、タイミングが重要です。顧客はその商品やサービスを通じて課題を解決したいと思っていたので、契約後も高いモチベーションが維持されています。ただ、時間が経つにつれてそのモチベーションも下がっていくので、**紹介を依頼するのは、契約直後のモチベーションが高いタイミングを狙う**のが重要です。

紹介営業につなげるコツ③
「紹介でしか顧客とは会わない」と伝えておく

ただし、何の前振りもなく「お友だちを紹介してください」と言っても、顧客は戸惑ってしまうでしょう。そこで私は、商談中から常にジャブを入れ続けていました。とくに、自分はそもそも紹介でしか顧客とお会いしないと伝えていたのです。

それを聞いた顧客は、この営業パーソンは紹介の数珠つなぎだけで営業している人だと意識します。新人のころ、私はいつもこう言っていました。

営業「今日は2点だけお願いがあります。1点目ですが、もし今日の私の話が少しでも〇〇さんのお役に立ったと感じていただけた場合、〇〇さんをご紹介いただいた△△さんにお礼をひと言伝えていただけますか」

このように、紹介元への感謝の表明をお願いします。

顧客「わかりました」

営業「2点目のお願いですが、もし私の話が少しでも〇〇さんのお役に立ったと感じていただけた場合、〇〇さんも周りの方にご紹介いただくことは可能ですか」

これを冒頭でさらっと伝えます。私は1万件以上の商談を重ねてきましたが、これにノーと言われたことは一度もありません。冒頭に伝えるので、まだ話を聞いていない段階でノーと言う理由もないからです。役に立つかどうかは、話を聞かないとわかりません。

ここでの最大のポイントは、紹介元にお礼を伝えてもらうことです。先ほど「三方良し」の話をしましたが、紹介先から紹介元にお礼を伝えてもらうことで、紹介元は自分が良いことをしたと思える。これがきわめて重要な行為です。

2点目も冒頭でさらっと伝えることで、相手の潜在意識に残ります。そして商談が終わったあとに、リマインドします。

営業「〇〇さんありがとうございました。今日の私の話は、少しはお役に立てましたか」

顧客「はい」

営業「ありがとうございます。ちなみに、冒頭でお話ししたことは覚えてい

らっしゃいますか？　まず△△さんにお礼を伝えていただきたいということですが……」

顧客「ああ、わかりました。すぐにしますよ」

営業「ありがとうございます。あともう1点あったのですが、覚えていらっしゃいますか？」

顧客「紹介ですよね？」

営業「そうです。覚えておいていただきありがとうございます」

　紹介が欲しいからといって、ここであまり重苦しい雰囲気を出すと一気に場の空気が重くなってしまうので、あくまでも軽いポジティブな雰囲気で進めます。

　これはあくまで初回面談での会話なので、ここで詰めすぎる必要はありません。

　基本的に2回目の商談では提案に進みますが、契約のタイミングでもう一度紹介の話をすると初回のジャブが残っているので、話が通じやすくなります。そもそも、2回目の商談で契約までしたということは、その顧客は満足している証拠です。そのため、なぜ契約したのかという理由を言語化してもらえば、そこで誰かに紹介してもいいという意識が強くなります。

営業「これを、周りの人にも伝えたら役に立てそうですか」

顧客「たしかに役に立つだろうな」

営業「ありがとうございます。改めて、△△さんから受け取られたバトンを、どなたかにつないでいただけませんでしょうか」

　このような話の流れから、先ほどの関係者の洗い出しに進みます。洗い出しについても、事前のアイスブレイクで聞いている内容をフックにします。

営業「サッカーのサークルに入っていたんですよね。たしか、そのときのご友人として〇〇さんと仲が良いとおっしゃっていたと思いますが、

その方はいかがですか」

顧客「よく覚えていましたね」

少し驚かれますが、紹介について同意してもらえることがほとんどです。

紹介営業につなげるコツ④ 紹介の方法を顧客と一緒に考える

「でも、どうやって紹介すればいいんですか?」

この疑問は、必ずと言っていいほど出てきます。ここで、顧客が紹介をスムーズに行うための方法について、営業パーソンとしてアドバイスできることをまとめてみましょう。

契約理由を顧客に話してもらう

紹介するときに、友人にどのような伝え方をすればいいかの整理ができる。

紹介文のテンプレートを共有する

連絡手段ごとに作成しておくことで、顧客の初動が確実かつ迅速になる。

顧客と紹介方法のロープレを行う

紹介に慣れた人は少ないため、練習することで抵抗感を和らげる。

契約理由については、先ほど触れたように、契約時に言語化してもらいます。そこで改めて紹介されたことに対する感謝の気持ちが明確化され、それを誰かに伝えたいという意思が芽生えます。それとともに、どのように伝えればいいかが明確になります。

顧客の「どうやって紹介すればいいですか」の疑問に対しては、コミュニケーションの手段によって対応が変わります。

営業「その大学時代のご友人とは、普段どのような形でやり取りされていますか?」

顧客「LINE です」

営業「でしたら、LINE 用のトークスクリプトを用意しているので、送ります。そちらをアレンジしてお使いください」

電話の場合も、電話用のトークスクリプトを用意しておきます。

そこまではスムーズに進みますが、もうひと手間かけたほうが確実性は増します。ただ、かなりハードルが高いので、臨機応変に対応してください。

「とはいえ、これは保険の紹介です。伝え方を間違えると、○○さんが保険の勧誘をしてきたと勘違いされ、変に思われてしまうことがあります。紹介によってお2人の関係が崩れるのは本意ではないので、よろしければ一度ロープレをしてみませんか?」

とくに相手が営業パーソンの場合は、そのロープレが営業力アップにもつながるという大義名分があります。それを理解した顧客に対して、よく行っていました。

紹介営業につなげるコツ⑤
応援してもらえるような存在になる

紹介営業は、ひと言で言うと「応援される存在になろう」という話です。

4年に一度のオリンピックの時期の前は、テレビやインターネットで選手のドキュメンタリー番組が増えます。聞いたこともなかった競技、見たこともなかった選手が取り上げられ、その選手の生い立ちや苦労話、金メダルを取るという意気込みをストーリーで見せています。オリンピックが始まると、私たちはその選手を応援したくなっています。

私は、**どうすれば人は紹介したくなるのかについて自分なりに考え抜いた結果、応援される存在になることが近道になるという結論に至りました。**

　高い目標に向かってがむしゃらに頑張っている人は、無条件に応援したくなるもの。その仮説に従えば、オリンピックのドキュメンタリー番組のようにストーリーを自分で描いて顧客に伝えればいいということに気づいたのです。

　当時の私には、ほぼ100％聞かれる質問がありました。

「どうしてキーエンスを辞めて保険業界に行こうと思ったのですか？」
「どうしてプルデンシャルを選んだのですか？」

　そこで、2つの質問を満たすストーリーを描きました。つまり、顧客に対して常に自分の目標を語っていたのです。すると、それを応援してくれる人が増え、やがてそれが噂になって少しずつ広がり、紹介につながっていったのです。

　みなさんも、応援されるようになるために改めて自分の強みを明確にしましょう。

　そして、大きな目標を立て、それに向かっていくための小さな目標を意識しましょう。

　それが、顧客があなたを応援する理由になるはずです。

第6章 まとめ

☐ 営業にとって重要な4つの要素のうち「知識」と「スキル」が 〝やり方〟 で、「習慣・管理」と「心構え」が 〝あり方〟 であり、長く活躍するための最大の支えとなるのが「心構え」である。

☐ 過去と他人は変えられないが、未来と自分は変えられる。

☐ 目標達成のためには、目標を分解して小さくし、その小さくした目標を達成し続けることが重要である。

☐ 成長の鍵を握る身近な存在＝ロールモデルを見つけ、意識しよう。

☐ セールスシップとカスタマーシップのバランスを意識しよう。

☐ 成功の反対は失敗ではなく、何もしないことである。

☐ 紹介したいと思われるように、応援したくなる存在になろう。

終　章

必要とされる営業に
なるために

最後に、本書の内容をざっくりまとめておきましょう。

①売れる組織は型を身につけるための営業教育を整えている
②売れる組織にはカルチャーがある
③売れる営業は知識、スキル、習慣・管理、心構えという4つの要素を
　身につけている

主にこの3点に集約されます。

　①と②は組織としての課題であり、経営幹部やマネージャーをはじめリーダー層が抱える課題でもあるでしょう。
　③に関しては営業パーソンにとっての課題です。とはいえ、世のマネージャーの多くはプレイングマネージャーであるため、③の4つの要素は自身にとっても重要なことだと言っていいでしょう。さらに、それぞれできているところとできていないところがあるでしょうから、課題に感じているところを強化してください。

「やってみて」はじめて成果が出る

　私は現在、Sales Naviという会社で、営業に悩む組織に本書の内容を教えることを本業としています。いわゆる営業研修を提供しているわけですが、いつも欠かさず伝えることは、「学んだことをやってみよう」ということです。
　結局、本書のようなビジネス書にしても研修にしてもそうですが、読んだだけ、教わっただけでは何の意味もありません。書いてあること、教わったことを実践してみてはじめて意味があるのです。

　心理学の世界では、「エビングハウスの忘却曲線」という有名な研究結果があります。これは、人間は新しいことを学んでも「20分後には42%を

忘れ」「1時間後には56%を忘れ」「1日後には74%を忘れる」というデータです。

　つまり、1日経過すると大半のことを忘れてしまうのです。

　そうならないためには、アウトプットを意識してインプットし、そしてアウトプットする。そのサイクルを回していくことが大切です。

　キーエンスもプルデンシャルも知る→わかる→やってみる→できるという4つのステップに沿ってあらゆるプログラムを用意していましたが、このなかでもっとも大切なのは「やってみる」です。何事も知るだけ、わかるだけでは絵に描いた餅です。やってみてはじめてできるようになるのです。

うまくいったかどうかは二の次でいい

　最近弊社では、研修の効果を高めるために、ブレンディッドラーニングという手法を取り入れるようになりました。これはオンライン学習、対面での講義、グループワークなど、さまざまな学習方法を組み合わせて学びの成果を最大化しようとする手法です。

　私自身、研修をやったはいいけれど、なかなかそれを受講者のみなさんが「やってみる」に至らないことに課題を感じていました。そこで出会ったのがブレンディッドラーニングです。

　この手法を取り入れてから、学習、ワークショップ、実践、振り返り、定着のサイクルを徹底的に回すことを意識するようになりました。学習を通じて意識が変わり、ワークショップで行動が変わる。実践と振り返りで習慣が変わり、最終的に成果が変わるという流れをつくりました。

　本編では営業のPDCAサイクルを回すことの重要性について、キーエンスの事例などを出しながら解説しました。このようなサイクルを習慣にするには、組織が率先して仕組み化していく必要があります。

　具体的には、用意した「行動変容シート」に、研修での学びを商談の

場で実践した感想や手応えなどについて記入してもらい、次の研修時に受講者同士で共有してもらうようにしました。行動事例を共有し合い、うまくいかなかった場合は解決策（もしくは改善策）を見出して次回の商談で再チャレンジする。学んで終わりにせず、行動するのが当たり前になるような仕組みをつくったことで、参加したほぼ全員が研修で学んだ内容を商談で実践するようになってくれました。行動変容が起きたのです。

　すると、**研修前の新人営業パーソンの受注率が約10％だった人材紹介企業では、研修後には受注率が約25％に上がるという成果変容が起きました。**

　そうした結果を通してつくづく思うのは、アウトプットなきインプットには意味がないということです。とくにビジネスは実践ありきですから、うまくいった、うまくいかなかったは二の次で、まずは行動を起こすことが重要です。

　営業とは本当に奥の深い仕事です。私自身、やればやるほどその奥深さに驚き、面白さに気づき、もっと深く知りたくなる。この先も引き続き営業を追究していこうと思っています。もし、営業について悩んでいるという人がいれば、お気軽にご連絡いただければと思います。ぜひ一度、営業についてお話ししましょう！

おわりに

　私は中学時代、出来の良い人間ではありませんでした。

　そんな私に変わるきっかけを与えてくれたのは、当時の担任の先生でした。

　「あなたの人生は本当にこのままでいいのか、あなたはもっとできるのに現実から逃げているだけではないか」

　これは、先生が私に投げかけてくれたさまざまな言葉のなかでも、とくに印象に残っているものです。先生が私に真正面から向き合ってくれたことで、目の前の現実から逃げている事実に気づけました。

　高校に進学した私は「こんどは自分が教育者として恩返しする立場になろう」と考え、保育士になることを決めて短大に進学しました。

　その後、実際に保育士資格も取得するのですが、その過程で改めて「教育」や「成長」に触れ、もっと教育について学びたいと思うようになりました。四年制大学に編入して教育学を専攻、さらに海外で日本語教師としてのインターンシップを経験しました。言語や文化、価値観の違う子どもたちに喜んでもらえたことが自信になり、それがきっかけで、教育現場よりもっと広いビジネスの世界で活躍したいと考えるようになります。

　しかし、ビジネスのことをまったく知らない状態でいきなり起業して成功するほど甘くないことはわかりきっています。そのため、ビジネスのなかでも裾野が広い「営業」に絞り、短期間で営業力が鍛えられる観点で就職活動し、キーエンスに入社することになりました。

　それからは前述の通りです。キーエンスで営業人生をスタートさせ、その後プルデンシャルに転職、この2社で営業について体系的に学べたことは何物にも代え難い経験になりました。

　しかし一方で、営業に道しるべがないがために営業に悩む組織や人をたくさん見てきました。それらの組織、営業パーソンたちの悩みは、自分の経験を伝えることで解決できるのではないか。だんだんとその想いが強くなり、「営業の道しるべを創る」というビジョンを掲げて Sales Navi を立ち

上げました。

　事業の根幹は「営業教育」。まさに本書に記した内容をさまざまな組織、営業パーソンに教えることです。営業研修や営業コンサルティング、プロダクトの提供など、あらゆる手段で売れる組織をつくり、売れる営業を育てるための助けになりたいと思っています。
　学生時代に教育者を志していた私にとって、自分がもっとも得意とする営業を教えるという「営業教育」に巡り合えたことは運命であり、自分だからこそできる使命だと感じています。

　営業職は満足度が低く、離職率も高いのが現状です。
　その理由のひとつは、成果をあげることが難しいからです。
　なぜ、成果があがる人とそうでない人がいるのか。それは再三本書でも記してきた通り、世の中に営業の型と呼べるものがほとんど存在しないからです。

　本書が、成果があがらずに苦しんでいる組織や営業パーソンに型を示し、成果をあげるきっかけとなれば著者としてこれ以上嬉しいことはありません。

　最後に。ここまでお読みいただきありがとうございました。本書の執筆にあたってはライターの新田さん、担当編集者のニューコンテクストの白戸さんに多大なお力添えをいただきました。ありがとうございました。

　そして、本書には私の営業人生で得た知見をすべて詰め込んだつもりですが、その知見を得る過程では、多くの出会いに恵まれました。私が営業という仕事に夢中になれたのは、これまでに関わっていただいたすべての人のおかげです。
　とくに、私の営業人生の始まりとなったキーエンス、多くの時間を過ご

したプルデンシャルには、言葉では言い表せないほどお世話になりました。改めて感謝申し上げます。

　また、起業して以来、さまざまな壁にぶち当たりながらもともに頑張ってくれている Sales Navi のメンバー。本当にありがとうございます。

　そして、私がこうして人生をかけて営業というテーマに向き合えているのは、家族の支えがあるからです。どんなときも味方でいてくれる妻・美乃里、娘の依茉、いつも本当にありがとう。
　私をここまで育ててくれた両親にも、心から感謝しています。

　成果があがると、仕事は楽しい。
　成長を感じると、人生は楽しい。

　営業職に就いた一人ひとりがそう感じられる社会を創るべく、これからも一歩一歩精進していきます。

2025 年 4 月
株式会社 Sales Navi　代表取締役
田中大貴

田中大貴 たなか・だいき

株式会社 Sales Navi 代表取締役
2008年同志社大学文学部を卒業後、株式会社キーエンスに入社。連続で目標を達成したのち、2010年にプルデンシャル生命保険株式会社にスカウトされ入社。以来11期連続社長杯入賞。2017年に、当時全国最年少でエグゼクティブ・ライフプランナー（部長）に就任。2017～2021年度には、日本の生命保険募集人登録者、約120万人のなかで上位0.01%しかいないとされるMDRT TOT会員に認定される。順風満帆な営業人生を送る一方で、「道しるべがないがために営業に悩んでいる組織や人」の存在を知り、「営業の道しるべを創る」というビジョンを掲げて2021年にSales Naviを創業。事業を推進する傍ら、ひとりでも多くの営業パーソンが抱える課題や悩みを解決したいという想いから「営業の教科書」をつくることを決意し、本書『売れる組織 売れる営業』を執筆。

売れる組織 売れる営業

2025年5月1日　初版第1刷発行
2025年7月31日　初版第3刷発行

著　　者　　田中大貴
発 行 者　　岩野裕一

発 行 所　　株式会社実業之日本社
　　　　　　〒107-0062　東京都港区南青山6-6-22　emergence 2
　　　　　　電話（編集）03-6809-0473
　　　　　　　　　（販売）03-6809-0495
　　　　　　https://www.j-n.co.jp/
印刷・製本　　中央精版印刷株式会社

©Daiki Tanaka 2025 Printed in Japan
ISBN978-4-408-65125-5（第二書籍）